続ものがたりで学ぶ経済学入門

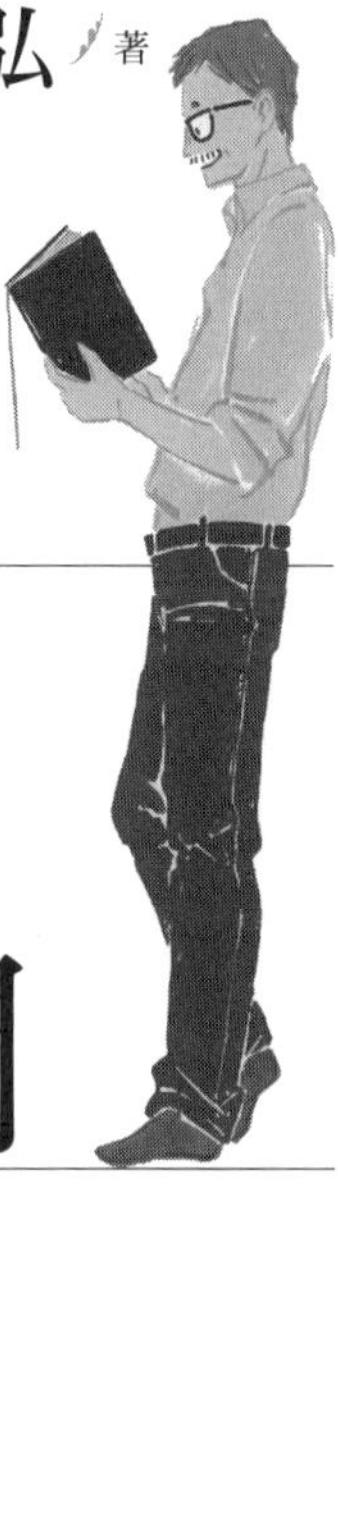

根井雅弘 著
Nei Masahiro

中央経済社

はしがき

本書は、前作『ものがたりで学ぶ経済学入門』（中央経済社、２０１９年）の続編である。前作は、進路に悩む高校三年生の経太君が、後輩で中学三年生の栄一君の数学の家庭教師をしているときに知り合った、栄一君の父親で経済学者の杉本先生に経済学の歴史を学ぶという構想で執筆したつもりだった。おかげさまで、私が書いた本としては「わかりやすい」という批評をいただき、いまも版を重ねている。本書はその続編として構想したものだが、ちょうど、時期的に新型コロナウィルス感染症のパンデミックに重なってしまったので、考えた末、大学の経済学部に進学した経太君が、高校生に進学した栄一君に今度は英語を教えながら再び杉本先生に経済学の話を聴かせてもらうという設定で書き進めることにした。

経太君は、大学の授業がほとんどすべてオンライン授業になったコロナ禍で大学一年生（関西の大学では「一回生」という言い方をする）になったが、杉本先生という先達《せんだつ》のおかげで、ふだんオンライン授業で学んでいるミクロ経済学やマクロ経済学ではあまり触れられない話を杉本先生から聴き、経済学をさらに深く学んでみたいという意欲がわいていく。英語を教えている後輩の栄一君も、それに負けじと、高校生にしては高度な英文と格闘し、次第にいかにして英文を読むかについてのコツをつかんでいく。目下のコロナ禍にあって、世の中にはコロナ鬱という言葉もできるほど、人々の心も景気と同様に沈んでいるが、せめて「ものがたり」の中では、主人公の経太君の学問的・人間的成長につながるような明るい展開にしたかった（もっとも、ものがたりは大学でいう２０２０年度で完結しているので、２０２１年４月以降の展開、例えば東京オリンピック前後の緊急事態宣言、欧米と比較したコロナ・ワクチン接種の出遅れと医療崩壊などには触れていないが、コロナ禍に大学一年生になった経太君の経済学修行の旅としてはこれで十分だと思う）。

私自身も、『経済学者の勉強術』（人文書院、２０１９年）に書いたように、10代の若いときに社会学者の清水幾太郎《しみずいくたろう》先生と知り合い、先生からときどきうかがう話からいろいろな刺激やヒントを得ながら勉強を重ねていった経験をもっているので、本書に登場する杉本先生のような碩学《せきがく》がそばにいるかいないでは、経済学部の学生の学問的・精神的進歩に大きな差が出ることは間違いないと思っている。

経済学を学ぶには、前作でも強調したように、ミクロ経済学やマクロ経済学や計量経済学の知識は必須なので、それらは優れた教科書をひもといてしっかり学んでほしい。しかし、それだけでは学べないこともたくさんある。本書では、経太君と杉本先生との対話を通じて、なんとかその感じが伝わるような工夫をしたつもりだ。それゆえ、本書が、経済学を学びたいという初学者ばかりでなく、すでにある程度ミクロやマクロを学んだが少し物足りなかったと感じている人たちにも受け容れられることを願っている。

２０２１年10月10日

根井雅弘

続・ものがたりで学ぶ経済学入門◎目次

はしがき　1
序　章　経済学部へ進学した経太君　7
第1章　なぜ「進歩」が好まれたのか　17
第2章　需要と供給1　43
第3章　需要と供給2　67
第4章　スミスはなぜ誤解されるのか　91

第5章　ケインズはなぜ人気があるのか　113
第6章　経済の変動をどう捉えるか　141
第7章　異端の経済学　165
終　章　コロナ禍の大学一年生として考えたこと　195

序　章

経済学部へ進学した経太君

２０２０年の春、経太は杉本先生が学んだ大学の経済学部に合格した。いや合格したはずだったが、折り悪く、新型コロナウィルス感染症の世界的蔓延により、大学はほとんど閉鎖状態で、図書館も閉まってしまった。運の悪い年に入学したものだと思ったが、パンデミックはすぐには終息しないどころか、感染症の専門家は数年は続くと言っているので、もう覚悟を決めるしかない。初めて緊急事態宣言下の「巣ごもり」生活も経験したが、有り難いことに、杉本先生が「社会的距離をとり、ちゃんとマスクをする。ときに換気しながら休憩する、でいいと思うよ。栄一も寂しがるから、引き続きうちへおいで」と言ってくれたので、お言葉に甘えることにした。大学の講義はオンラインでしか聴けないが、杉本先生とは対面で教えが受けられるわけだから恵まれている。ようやくやる気が出てきた。

久しぶりに会った杉本先生は、マイペースで仕事をしていて、少しも変わらないようだ。心の平静を保つ秘訣はなんだろうかと考えていたら、向こうからお声がかかった。

杉本：「大学のオンライン授業にはもう慣れたかな？」

経太：「まだ慣れません。いつも先生とこうやって対面して勉強してきたので、パソコンやタブレットで受ける授業というのは、ある意味では人によっては効率的に勉強できたとしても、なんだか授業ではないような気がします。」

杉本：「それがふつうの感覚だね。私も慣れないオンライン授業の準備やヴィデオ会議などですっかり神経をすり減らされたね。しかし、よその大学の先生がＹｏｕＴｕｂｅで公開している授業をみて学ぶこともあったな。」

経太：「経済学の授業ですか？」

杉本：「残念ながら、経済学じゃないね。経太君も「巣ごもり」は飽きなかったかな？　私は、もともと、うちで本を読んだり原稿を書いたりしている時間が長かったけれども、お上からStay home! と言われて半ば強制されると、さすがにストレスがたまる。そんなとき、仏教哲学が専門で花園大学教授の佐々木閑《ささききしずか》さんが、ＹｏｕＴｕｂｅで授業を公開しているのを見つけたんだよ。」

経太：「先生が仏教哲学の講義を聴いたのですか⁉」

杉本：「仏教哲学というよりは、大学生以外の社会人の聴衆も意識しながら、「仏教とは何か」ということをわかりやすい言葉で表現した名講義だったね。あとでURLを教えてあげよう1。実はね、経太君、新型コロナウィルス感染症は確かに大変な禍なのだけれども、こういう時期だから、うちでじっくりとものを考えるよい機会でもあるんだよ。」

経太：「そうなのですか。」

経太はそう受け答えしながらも、先生と仏教哲学がまだどうしても結びつかなかった。杉本先生は、経太が怪訝《けげん》そうな顔をしていたのに気づいたのだろう。

杉本：「私はね、経太君、仏教には全くの素人だ。しかし、以前、親を亡くしたとき、仏教関係の本を読んだことがあって、少し心の安らぎを取り戻したことがあった。それ以来、たまに仏教の本も読むようになったのだけれども、経済学者としては反省させられることも少なくないね。」

経太：「例えば、どんなことですか？」

杉本：「そうだね。例えば、経済学では、限られた予算内で消費者が財の消費から得られる

「効用」を最大化させる問題を考えるけれども、消費者の「欲望」自体は自然なものとして捉えられている。しかし、仏教哲学になると、ものに執着するような欲望を捨てなければ、心の平安は得られないと考える。経太君は若いからまだわからないかもしれないけれども、いまでは、欲望を喚起し、ひたすら経済成長を目指す経済運営が地球環境の破壊を招き、その是正策が必要だという時代になったので、ちょっとは予想がつくのではないかな。」

経太：「それなら何となくわかりそうです。」

杉本：「そうかい。追々、雑談の折にでも話そうか。」

経太：「ありがとうございます。」

そうするうちに、栄一君が出てきた。高校生になったはずだが、自分が高校生のときよりも賢そうに見える。数学はもうずいぶん教えてしまったが、これから何を教えたらよいのか。と

（注1） https://www.youtube.com/channel/UChq_H8QwhyHIL_JR83vgpGw/featured

考えていたら、栄一君のほうから、

栄一：「先輩、しばらく英語を中心に教えてくれませんか。英文法は一応わかっているつもりなので、何か英語の本を読んでみたいです。」

経太：「それはいいアイデアだね。文学よりもエッセイのほうがものを考える力もつくからいいだろうね。どれがいいか？ ちょっと背伸びして、サマーセット・モームの『サミング・アップ』(Somerset Maugham, *The Summing Up*, 1938) を選ぼうかな。」

栄一：「モームなら、名前だけは知っています、父の書棚にあるので（笑）。よろしくお願いします。」

経太はにわかに英語の「教師」になってしまった。この前はほとんど数学の「教師」だったけれども。杉本先生のお宅を辞去してから、先生の言っていた佐々木閑氏のことが気になったので、一冊、Ａｍａｚｏｎで注文してみた。いまは図書館もろくに開いていないが、インターネットのおかげで、いろいろなモノを買うことができる。しかし、本当はリアルな本屋さんが好きだ。小さい頃から、本屋さんでいろいろな本を探したり立ち読みしたりするのが楽しみだったが、しばらくは我慢するしかない。

コロナ禍が当分は続きそうだと一般に認識され始めた頃から、新聞や雑誌を読んでも、それに関連した記事が増えてきた。すでに本まで何冊も出ている。経太は、いままで当たり前だと思ってきた生活様式がコロナ禍で根底から揺らいだことには多少の動揺を感じたが、政府から「新しい生活様式」と推奨されたものは、正直に言って、まだ慣れていないのでピンとこない。だが、杉本先生が言ったように、じっくりものを考える時間だけは増えた。オンライン授業に飽きたら、好きな本でも読んで、そのあと人の少ないところでも散歩してみよう。

Ａｍａｚｏｎで注文しておいた本がもう届いた。佐々木閑氏の『日々是修行―現代人のための仏教一〇〇話』（ちくま新書、２００９年）という本だ。新聞連載をまとめたものだから、とても読みやすい。仏教は宗教には違いないだろうが、読んでいて興味深かったのは、「科学」と「仏教」が相補うものとして捉えられていることだ。佐々木氏が、京都大学工学部（工業化学科）を卒業した後に、文学部（哲学科仏教学専攻）に転じた仏教学者だということにも惹かれた。佐々木氏は、次のように述べている。

「このように仏教は、心の中の法則を探究する宗教なのだが、これとちょっと対になる分野が科学である。科学の目的も仏教と同じく、世界の法則を発見することにある。ただそれが外部にある物質世界の法則だという点に、仏教との違いがある。仏教は智慧の力で「心の法則」を探究し、科学は智慧の力で「物質世界の法則」を探究する。仏教と科学は、互いに補い合い、尊敬し合うことのできる、同じ次元の領域なのである。」（同書、072－073頁）

まだよくわからないことも多いが、杉本先生も、佐々木氏のこのような捉え方には関心を示したのではないだろうか。日本の中学校などで仏教を世界三大宗教と丸暗記させているのは、多少誤解を招くおそれがありそうだ。

そういえば、たまに新聞でも、インド出身でノーベル経済学賞を受賞したアマルティア・センという人の名前を見るようだ。ちょっと記憶が定かではないが、ベンガル飢饉《ききん》を経験したことで経済学を志したと書いてあった。イギリスの経済学者アルフレッド・マーシャルがロンドンの貧民街をみて経済学を志したのとどこか似ているような気がして、名前を覚えていたのかもしれない。インドは、どこか神秘的な魅力にあふれる国だ。しかし、センのことはまだほとんど知らないので、いつか機会があれば杉本先生に尋ねたいことをまとめてある質問ノートに書き留めておこう。

さて、栄一君にモームの『サミング・アップ』を読ませるとすると、自分も本棚のどこかにある原書を再読しておかなければならない。モームのエッセイは、昔はよく大学入試に出題されたらしいが、いまの高校生にはやや難しいのか、最近はあまり見かけない。しかし、賢い栄一君なら、読めるはずだ。どこまで英語の読解力が伸びるのか、楽しみである。

第1章

なぜ「進歩」が好まれたのか

栄一君にモームの『サミング・アップ』を読ませようと決めたものの、さすがに高校生にはちょっとハイレベルだったかな？　という思いが脳裏をかすめた。いや、しかし自分だって、アダム・スミスやデイヴィッド・リカードなどが英語で読めたのだから、ちゃんと教えればわかるはずだと考えながら歩いていたら、杉本先生のお宅に到着した。

杉本先生は居間で読書をしていたが、経太の顔を見ると、コーヒーを入れてくれた。

杉本：「経太君は、「進歩的文化人」という言葉を聞いたことがあるかな？」

経太：「はい。でも歴史のなかの存在で、じかに見たことがないので、どういう人たちか想像がつきにくいです。」

杉本：「それはそうだろうね。昔は、進歩派（左派と似たような言葉だけれども）でなければ知識人ではない、という雰囲気があってね。丸山眞男《まるやままさお》、清水幾太郎《しみずいくたろう》、鶴見俊輔《つるみしゅんすけ》などの本をよく読んだものだ。」

経太：「本当に歴史的な名前ですね。」

杉本：「先ほど日本経済新聞の数年前の記事を整理して思い出したんだけれども、当時は高校にも学生運動があったんだ。いまの栄一を見ると、想像もつかないがね。有名な音楽家、坂本龍一も都立新宿高校時代は「社会科学研究会」（マルクス主義の研究サークルのこと）に出入りしていた活動家だった[1]。」

経太：「坂本龍一が高校で活動家だったんですか！」

杉本：「あの頃は、できる学生ほどそういう傾向があったね。もっとも、その後は保守派に転向したり、アウトローのような生き方をしたりする者もいたけれども、坂本龍一も「同志」と校長室を封鎖した瞬間には高揚感があったのじゃないかな。」

経太はにわかに信じがたいという顔をしていたに違いない。それを見抜いた杉本先生から、次のような言葉が返ってきた。

（注1） https://style.nikkei.com/article/DGXMZO36251720Z01C18A0000000?channel=DF290120183396（２０２０年８月25日アクセス）

杉本：「歴史の話としてでもよいから、一度、小林哲夫『高校紛争１９６９－１９７０―「闘争」の歴史と証言』（中公新書、２０１２年）のような本を読んでみることをすすめるね。きっと面白いぞ（笑）」

経太：「はい。わかりました。」

杉本：「脱線して申し訳ない。こんな話をしたのも、経済学でも「進歩」をどのように捉えるべきかというのは、悩ましい問題だったからだ。経済学の流れを追ってきた経太君には予想はついているだろうけれども。」

そうだった。今日は「進歩」というテーマで経太君に話そうかな、と杉本先生から電子メールが届いていたのだった。先生の意図はなんとなく推察できるが、経済学史のなかで「進歩」をめぐって意見の相違が生じたのは、ジョン・スチュアート・ミルの時代ではなかったかなと想起していた。19世紀後半、ミルが「定常状態」を再評価するという古典派のなかで「異端」の評価をすることができたのは、ある意味で、「驚異」であった。

経太：「先生、スミス以来、国の富をいかにして増やすか、経済をいかにして成長させるかに関心をもってきた経済学者たちのなかで、ミルが「定常状態」をむしろ積極的に評価する見解を打ち出したのはなぜなのでしょうか？」

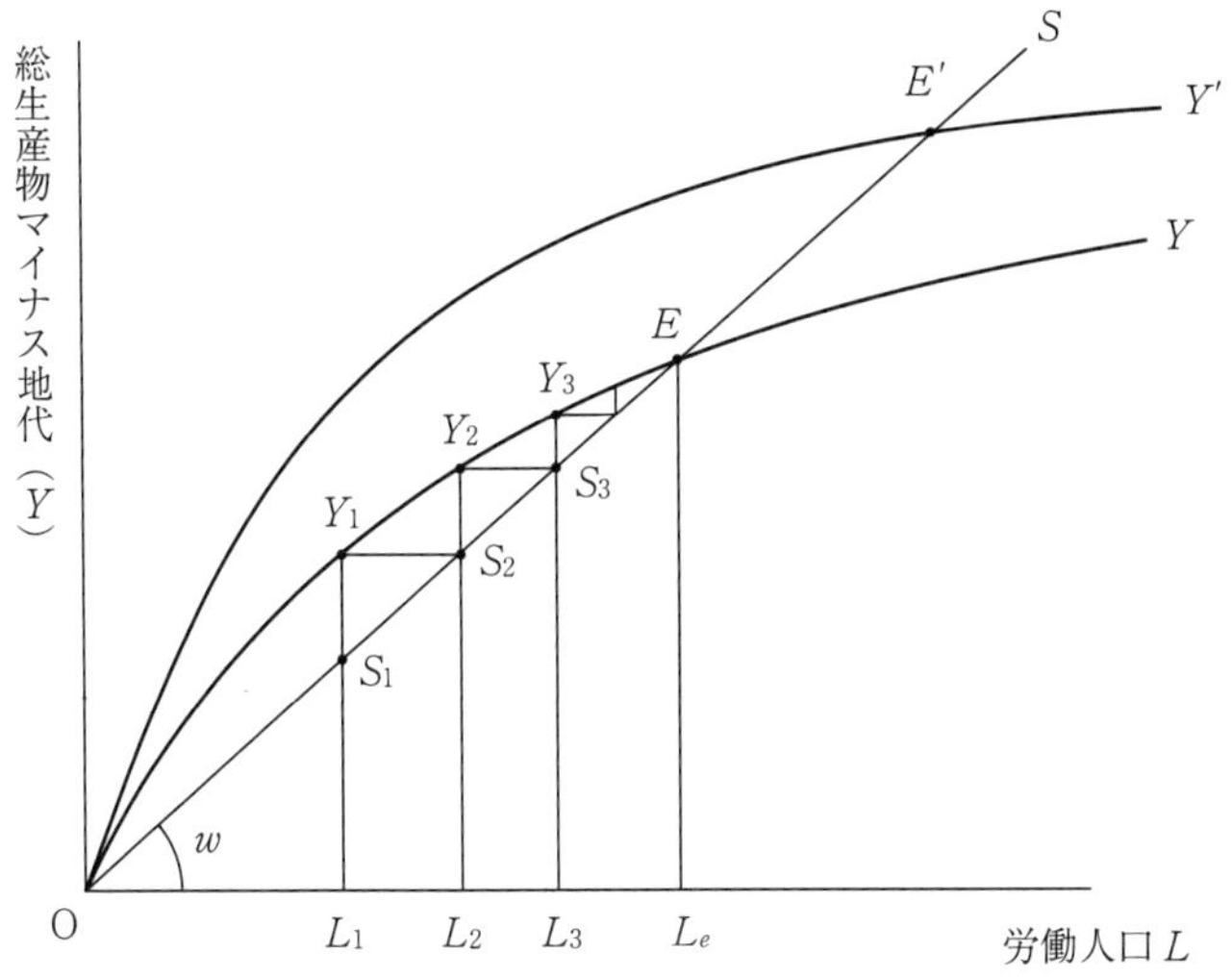

＊William J. Baumol, *Economic Dynamics: An Introduction*, 3rd edition, 1970, p.19をもとに作成

図 1

杉本：「いつも簡単に答えにくい質問をもってくるなあ。その前に古典派の「定常状態」を復習しておこうか？　次に掲げる図は、ウィリアム・J・ボーモルという経済学者が考案したのだけれども、よくできているのでこれを使おう。」

杉本先生は、図1を使って次のように説明してくれた。図1では、縦軸に総生産物マイナス地代（記号Yで表す）、横軸に労働人口（記号Lで表す）が測られている。古典派（リカード経済学を代表にとるとわかりやすい）では、収穫逓減の法則が仮定されているので、労働投入量を増やしていっても総生産物はそれとつりあって増えていかない。それゆえ、OYのような曲線が描かれている。

いま、労働人口をL_1だけ投入したときの総生産物マイナス地代はY_1だが、自然賃金がwの角度で与えられるとすると、S_1L_1の部分が賃金総額、Y_1S_1の部分が利潤ということになる。利潤がある限りまだ資本蓄積がおこなわれるので、さらに労働人口がL_2まで投入される。しかし、L_2だけ労働を投入しても、まだY_2S_2だけの利潤が生まれる。そこで、さらに資本蓄積がおこなわれ、L_3まで労働人口が投入される。このような過程が繰り返されることによって、最終的には、点Eにおいて利潤がなくなるので、資本蓄積は止まる。すなわち、点Eが「定常状態」を表すことになる。

杉本：「点Eが定常状態を表していることはわかるね？」

経太：「はい。リカード経済学のわかりやすい図式化です。」

杉本：「リカードは、定常状態に至るのは避けたいという産業資本家の立場に立っていたので、外国から安価な穀物を自由に輸入し、自然賃金を下げようとしたんだったね。それは図で表したら、どういうことかな?」

経太:「wの角度が小さくなることです。」

杉本:「その通り。そうすれば、定常状態に至るのをしばらくは引き延ばすことができる。あるいは、農業で画期的なイノベーションが起こって生産力が拡大すれば、OYからOY'へと曲線がシフトするから、定常状態も点Eから点E'へと移動するね。これも定常状態に至るまでの時間稼ぎにはなる。」

経太は、これまで一生懸命、スミスやリカードなどの原典を英語で読んできたが、ときどき、彼らの理論を簡単なモデルにしてみるのも理解を容易することに気づいた。しかし、モデルだけの話にしてしまうと、経済学の歴史がたった10頁くらいの内容になってしまう。それでは、あまりにも細部を切り捨てすぎだから、気をつけなければならない。

杉本:「さて、先ほどの質問に戻ろうか。経太君は、ミルの自伝を読んだとき、ロマン派の詩人、ウィリアム・ワーズワースに触れた箇所があったことを覚えているかな。ロマン主義はいつも産業主義が行き詰まりを見せたときに復活するものだけれども、ミルは、いわゆる「精神的危機」を乗り越えるために、ロマン主義やサン＝シモン主義など、いろいろな本を読み漁ったと書いてあっただろう？　ワーズワースは、サミュエル・コールリッジとも交流があったけれども、自然賛美の詩が有名で、岩波文庫ですぐに読むことができる。いまの経済学者は英文ジャーナルしか読んでいないけれども、ミルは偉大な教養人だから、読書の幅も広い。重い鬱状態にあったとき、ワーズワースの詩を読んで心の平静を取り戻すきっかけになったと考えてもおかしくはないね。「水仙」Daffodils（１８０４年）と題する素敵な詩があるので、次頁と次々頁で紹介してみよう。ワーズワースにはもう著作権もないし、音声付きで詩を読んでくれる外国のウェッブサイトまであるから便利なものだ[2]。」

経太：「自然を破壊するような産業主義の浸透に危機感を覚えるとともに、経済学で忌み嫌われた「定常状態」に至っても、かえって文芸活動が盛んになって心が豊かになる可能性を見出したということでしょうか？」

杉本：「そう言ってもよい。しかし、すぐあとでマーシャルに触れるからあらかじめ言っておきたいのは、イギリスの経済成長とか経済的進歩についてに語る場合、日本の高度成長期のようなイメージで考えてはいけないということだ。いまでは西洋経済史では定説だし、以前読んだ財務省財務総合政策研究所の「経済の発展・衰退・再生に関する研究会」報告

I wandered lonely as a cloud
That floats on high o'er vales and hills,
When all at once I saw a crowd,
A host, of golden daffodils;
Beside the lake, beneath the trees,
Fluttering and dancing in the breeze.

Continuous as the stars that shine
And twinkle on the milky way,
They stretched in never-ending line
Along the margin of a bay:
Ten thousand saw I at a glance,
Tossing their heads in sprightly dance.
The waves beside them danced; but they
Out-did the sparkling waves in glee:
A poet could not but be gay,
In such a jocund company:
I gazed—and gazed—but little thought
What wealth the show to me had brought:
For oft, when on my couch I lie
In vacant or in pensive mood,
They flash upon that inward eye
Which is the bliss of solitude;
And then my heart with pleasure fills,
And dances with the daffodils.

「谷また丘のうえ高く漂う雲のごと、
われひとりさ迷い行けば、
折しも見出でたる一群の
黄金色に輝やく水仙の花、
湖のほとり、木立の下に、
微風に翻えりつつ、はた、躍りつつ。

天の河に輝やきまたたく
星のごとくに打ちつづき、
彼らは入江の岸に沿うて、
はてしなき一列となりてのびぬ。
一目にはいる百千の花は、
たのしげなる躍りに頭をふる。

ほとりなる波は踊れど、
嬉しさは花こそまされ。
かくも快よき仲間の間には、
詩人の心も自から浮き立つ、
われ飽かず見入りぬ——されど、
そはわれに富をもたらせしことには気付かざりし。

心うつろに、或は物思いに沈みて、
われ長椅子に横たわるとき、
独り居の喜びなる胸の内に、
水仙の花、屢々《しばしば》、ひらめく。
わが心は喜びに満ちあふれ、
水仙とともにおどる。」

田部重治選訳『ワーズワース詩集〔改版〕』
（岩波文庫、1966 年）137-139 頁。

書（２００1年6月）のなかで、明治大学教授の安部悦生氏も強調していたけれども、イギリスの産業革命期の成長率は１％以下、19世紀でも２％超程度だったんだ[3]。日本の高度成長期には10％を超えるような成長率があったけれども、その「標準」からイギリスの当時の成長率が低かったと即断していけない。もっとわかりやすくいうと、イギリスは産業革命で先頭を走っていたわけだから、ゆとりをもって漸進的に成長してきたわけだ。」

経太：「そうなのですね。マーシャルが『経済学原理』のモットーにした「自然は飛躍せず」というのは、そういう資本主義の連続的な進歩のヴィジョンを表しているのですね。」

杉本：「さすがに経太君は目の付け所がいいね。マーシャルは、ものを言うまで実に慎重に考え抜いた経済学者だった。彼は、物質的条件が改善していくという意味での「成長」が必要なことは決して否定しなかった。しかし、ロンドンの貧民街の惨状に心を痛めて経済学を志したくらいだから、一部の恵まれた人たちだけの暮らし向きが改善していくだけで

（注2）https://classicalpoets.org/2018/10/06/the-eight-greatest-poems-of-william-wordsworth/
（２０２０年８月25日アクセス）

（注3）https://www.mof.go.jp/pri/research/conference/zk051/zk051b.pdf
（２０２０年８月25日アクセス）

は、真の意味での「幸福」にはつながらないと考えていたと思うね。」

経太：「それで、「経済騎士道」が出てきたのですね。」

杉本：「そうだ。経済騎士道は、企業家が蓄積した富をすすんで公益のために提供するような生活態度のことだけれども、他方、彼は、ミルの先例に倣って、労働者の社会教育が重要だと考えていた。労働者が稼いだ賃金をすべて享楽のために使うようでは、彼らの知的能力ひいては労働生産性は向上していかないと考えたんだね。この点で、マーシャルはミルの正統な後継者だ。企業家の経済騎士道と労働者の人的資本の向上、この二つが有機的に融合して初めて真の意味での「成長」、マーシャルの時代の流行語では「進化」(evolution) が成し遂げられるということだ。」

経太：「先生、マーシャルの「有機的成長」についての論文を読んでみましたが、おぼろげながらイメージは摑めただけで、正直よくわかりませんでした。」

杉本：「そうだろうね。マーシャルの有機的成長理論は、人間性の「進歩」を信じるマーシャルの信念と、「進化」を生物界だけでなく社会にも当てはめて考えようとした、あの時代の雰囲気が巧妙にミックスされて生まれたものだから、現代社会の人間にはすんなり受け容れられるようなものではないと思う（進化論の影響を受けたからといって、マーシャルは「自然淘汰」を是とするような「自由放任主義者」ではなかった。この点は再確認しておくこと）。しかし、私が言いたいのは、連続的な経済進歩をマーシャルが説くとき、彼が一部の恵まれた人たちだけではなく、国民の暮らし向きが全体として向上していくこと、そのためには急激な変化ではなく、緩慢でもよいから着実に一歩一歩前進していく道を選んだことだ。それは、マーシャルの『経済学原理』の序文によく表れているね。」

そして、杉本先生は、書棚からマーシャルの『経済学原理』の原書を取り出した。

杉本：「経太君、本の序文というのは、全体を読んだあとでなければ真の意味は決してわからない、ということを覚えておいてほしい。最近、若い研究者から聞いたのだけれども、ある編集者が、本の企画を通すために最初の序論を送ってほしいと言ってきたらしい。この編集者は書き手がどのように本を書くのかが全くわかっていないと思う。序文というのは、一流の学者や研究者の大多数は、「最後に」書くものだ。「最初に」書くものではない。」

経太：「そうなのですか。本を書いたことがないので、よくわかりませんが。」

杉本：「数年後には、卒業論文を書くはずだから、きっとわかるよ。それはさておき、マーシャルの『経済学原理〔第8版〕』（1920年）への序文をよく読んでほしい[4]。」

「経済発展は漸進的である。その進歩は、政治的な大混乱によってときに阻止されたり逆転させられたりする。しかし、その前方への動きは、決して急激ではない。なぜなら、西洋世界や日本においてさえも、経済進歩は、一部は意識的、もう一部は無意識的な習慣に基づいているからである。もちろん、一人の発明家や組織者や天才的な金融業者が、一国民の経済構造をほとんど一挙に変形してしまったように思えるかもしれない。しかし、彼の影響の一部で、単に表面的で一時的ではなかったものは、よく吟味してみると、長いあいだ準備されてきた建設的な動きの全体が花開いたに過ぎないことがわかる。自然の発露には、最も頻繁に生じ、非常に秩序だっているので、綿密に観察し詳細に研究し得るものがある。それらは、ほとんど他の科学的研究と同じように、経済研究の基礎である。他方、間欠的で、滅多に生じず、観察の困難なものは、ふつう後の段階での特殊な検討のために残される。それゆえ、「自然は飛躍せず」というモットーは、経済学の基礎に関する著作にはとくに適切なのである。」

経太：「大家の雰囲気がよく出ている文章ですね。」

杉本：「マーシャルは、イギリスの「産業的主導権」がアメリカによって脅かされながらも、まだ「老大国」の正統派経済学の権威者として、最後まで余裕をもっていたと思う。連続的な経済進歩のヴィジョンも、そのような老大国にふさわしい、堂々たるものだ。私には、ミルの「定常状態」再評価とマーシャルの連続的な経済進歩のヴィジョンとの距離は、実際はそれほど離れていないように思えるけれども、のちに連続的進歩説を徹底的に批判したオーストリア出身の経済学者、ヨゼフ・A・シュンペーターを紹介するので、待っておいてほしい。それはそうと、先ほどから、あちらに栄一の顔が見えるけれども、話があるのじゃないかな？」

経太：「そうでした。栄一君とモームを読む相談をするのをすっかり忘れていました。あとで質問があるので、また戻ってきてもよいでしょうか？」

（注4） インターネット上の経済学辞典 Library of Economics and Liberty のウェッブサイトから引用する。
http://www.econlib.org/library/Marshall/marP0.html

杉本：「私はこの書斎にいるから、終わったらまた来るといい。」

＊　＊　＊

経太：「栄一君、待たせて申し訳ない。先生と話し込んでしまった。今日は、英語の勉強の仕方について、ちょっと話しておこうか。」

栄一：「わかりました。」

経太：「英語の本を読みたいということなので、モームの『サミング・アップ』を選んだけれども、これはある考えがあったからなんだ。やさしい英文を多読する――これも重要だ。しかし、これはほとんど指導者がいなくても自分でもできる。そうではなくて、比較的難しめの本を一冊、辞書をまめに引きながら、ゆっくりでもよいから読み通す――この経験が大事。一冊読み切ったら、二冊目、三冊目はもっと楽に読めるようになるはずだよ。」

栄一：「そういうものかあ。しかし、モームというのは、先輩の好みですか？」

経太：「どうして？」

The English are a political nation and I was often asked to houses where politics were the ruling interest. I could not discover in the eminent statesmen I met there any marked capacity.

「イギリス人は政治好きな国民であるから、政治が最大の関心事であるようなパーティーに私もしばしば招待された。そこで出会った著名な政治家に際立った才能を見出すことは出来なかった。」

（モーム『サミング・アップ』行方昭夫訳、岩波文庫、2007年、10頁）

栄一：「だって、この人は先輩がいいそうなことを言っているよ（笑）。例えば、上のような英文[5]。」

経太：「栄一君、都合のよいところだけ抜き出してはダメだね。その後にはすぐそれを打ち消しているじゃないか。ゆっくりでよいから、丹念に読みなさい、と言ったのを忘れてはいけないね。」

栄一：「これは失礼しました。反省して来週から丁寧に読みます。」

経太：「それから、辞書は、先生がもっているような大きめの辞書がいいね。次回から5頁程度でよいから、精読しておいてくれるかな。」

（注5） W. Somerset Maugham, *Summing Up*, 1938, p.2.

栄一：「わかりました。」

栄一君はすでに10頁ほど読んでいるような感じだったが、精読の必要を説いて、内容に入るのは次回からにした。自分も最初はそうだったからわかるが、まずは、一冊読み切って自信をつけることが何よりも大事だ。

＊　＊　＊

杉本先生は、待っていてくれた。

経太：「先生、たびたびすみません。続きをお尋ねしてよいでしょうか。」

杉本：「かまわないよ。」

経太：「実は、先ほど名前の出たシュンペーターですが、大学のオンライン講義で、ある経営学者がシュンペーターのイノベーションの話をしてくれました。イノベーションは、駅馬車から鉄道への変化のように「非連続的な進歩」という特徴があるそうです。それはマーシャルの連続的な経済進歩というヴィジョンとは対照的のように思いました。」

杉本：「そうか。経済学者よりも経営学者のほうが先にシュンペーターを紹介したんだね。しかし、経済学者としてのシュンペーターは、一筋縄ではいかない、複雑な人物だ。」

経太：「そうなんですか。」

杉本先生は、また書棚から、シュンペーターの二冊の原書を取り出した。ドイツ語で書かれているようだ。一冊は、『理論経済学の本質と主要内容』（初版は1908年）、そして、もう一冊は『経済発展の理論』（初版1912年、第2版は1926年）だ。

杉本：「今日だけでシュンペーターの核心が話せるような時間はないけれども、これだけは押さえておいてほしい。第一に、先ほどからしばしば話題になっている「定常状態」は、シュンペーターの著作にも出てくるけれども、それはリカード理論のように資本蓄積が止まる「最終地点」としてではなく、理論のまさに「出発点」として出てくること。定常状態がどのようなものかは古典派とは厳密には違うけれども、ここでは、フランソワ・ケネーの『経済表』のような世界だと思っておけばよい。シュンペーターは、そのような「定常状態」を「静態」と呼んでいる。その静態理論の基礎を展開したのが、彼の一作目『理論経済学の本質と主要内容』だ。

だが、彼は、そのような「静態」が企業家によるイノベーションの遂行によって破壊され、資本主義経済が単に量的だけではなく質的にも「発展」していくメカニズムを解明しようとした。それが「動態」の世界であり、二作目『経済発展の理論』のメインテーマだ。シュンペーター理論の特徴は、静態と動態の二元論的構造にある。つまり、静態に始まり、イノベーションを境に動態の過程が続き（「好況」や「不況」という景気循環が現れる）、最終的には、より豊かになった静態へと戻ってくるという構成をとっているわけだ。

いまの段階では、シュンペーター理論のさわりがわかれば十分だから、経太君も心配はしなくてもよい。私が言いたいのは、シュンペーターが、マーシャルの「自然は飛躍せず」と連続的な経済進歩のヴィジョンに強く反発したことだ。」

経太：「なんだかマーシャルよりもワクワクさせるようなストーリーですね。」

杉本：「日本ではとくに人気があるね。しかし、留意してほしいのは、シュンペーターがマーシャルの母国（当時は大英帝国だ）から見れば経済的には後進国のオーストリアの出身だということだ。もちろん、オーストリアだって当時はオーストリア＝ハンガリー二重帝国だったから決して小さい国ではないけれども、七つの海を制覇した大英帝国ほどの経済力はなかった。経済学の本流も、アダム・スミスの時代からずっとイギリスだった。

マーシャルはいわば世界の学界の頂点にいたわけだ。私は、そのマーシャルの大いなる権威に、若き日のシュンペーターが挑戦状を叩きつけたところに惹かれるね。」

経太：「いまの先生は、どこか学生運動の闘士の目をしているようです。例えが適切でなかったらすみません。」

杉本：「いや、それはむしろ褒め言葉として受け取っておこう（笑）。忘れないように、シュンペーターが一作目のなかで、何と言っていたか、紹介しておこう。」

「自然は飛躍せず（natura non facit saltum）――この命題を題辞《モットー》としてマーシャルはその著書の冒頭に掲げたが、実際、それはこの著書の特色を適切に表現している。しかし私は彼に反対して、人間の文化の発展、とりわけ知識の発展は、まさに飛躍的に生ずることを主張したい。力強い跳躍と停滞の時期、溢れるばかりの希望と苦い幻滅とが交替し、たとえ新しいものが古いものに基礎を置いていようとも、発展は決して連続的ではない。われわれの科学は如実にこれを示しているのである。」（シュムペーター『理論経済学の本質と主要内容』上巻、大野忠男・木村健康・安井琢磨訳、岩波文庫、１９８３年、52－53頁）

杉本：「シュンペーターがマーシャルへの挑戦状を完全な形で完成させるのは、二作目の『経済発展の理論』を待たなければならなかったけれども、すでに一作目のなかにこのような重要な示唆があるのを見落とさないでほしいね。」

経太：「わかりました。しかし、先生、またミルの定常状態再評価に立ち戻って恐縮ですが、環境経済学のオンライン授業で、地球環境問題が深刻になった現在、ミルの問題意識を受け継いだ「脱成長」の経済哲学が一部で熱心に支持されているのを聴いたのですが……。」

杉本：「フランスのセルジュ・ラトゥーシュが説く「脱成長」のことかな。私も講演は聴いたことがある。経太君が関心があるなら、翻訳を読んでみるとよい。しかし、私には、日本人の広井良典氏（京都大学こころの未来研究センター教授）の本のほうがわかりやすかったね。広井氏の『定常型社会』（岩波新書、２００１年）は名著だった。数年前のエッセイでも、こんなことを言っていた[6]。

「異論があるかもしれないが、私から見ると「アベノミクス」はまさにそうした〝ひたすら「拡大・成長」を目指すことが幸福をもたらす〟という世界観の典型的な象徴に映る。世代的には、団塊の世代をはさんで上下それぞれ10年くらいにわたる世代において、そのような価値観が特に強いだろう。
　いささか距離を置いた見方をするならば、ある意味でそれはやむをえない面もあるかもしれない。つまりそうした世代には、高度成長期の〝成功体験〟――それが本当に「成功」だったと言えるかについては様々な疑問があるが――がしみ込んでおり、また〝ジャパン・アズ・ナンバー・ワン〟とまで言われた記憶が強固に残っていて、全体として「経済成長がすべての問題を解決してくれる」という世界観から抜け出すことができないのだ。
　増税をひたすら忌避し、結果として1000兆円に上る借金を若い世代そして将来世代にツケ回ししているという、現在の日本の異常とも言える状況も、そうした発想――経済成長により税収はやがて自ずと増加し借金を解消することができるという幻想――と一体のものである。」

経太：「やはりミルは現代の学者にも大きな影響を与えているのですね。」

杉本：「確かにそうだ。しかし、私はあえて違う見解を紹介して、経太君に考えてもらいいた

(注6)　https://gendai.ismedia.jp/articles/-/48620?page=2
（2020年8月28日アクセス）

いんだよ。」

経太：「どういうことでしょうか？」

杉本：「マクロ経済学が専門でハーヴァード大学教授のベンジャミン・フリードマン（シカゴ学派の指導者だったミルトン・フリードマンではない）が、ある論文のなかで、次のようなことを書いていた[7]。かいつまんで言うと、国民の大多数（決してごく一部ではなく）の生活水準が着実に向上していくこと、すなわち、経済成長が実現されていることと、社会全体の開放度、寛容さ、そして民主主義の定着とは正の相関があり、逆に言えば、経済停滞が長く続くと、社会全体の不寛容さ、無作法、閉鎖性が増大するというんだ。確かに、アメリカは最近経済成長が伸び悩んでいるので、社会全体の寛容性が失われ、移民に排他的になるとか、いくつかの弊害がみられるね。2017年のトランプ政権の誕生は、このような背景がなければ、あり得なかったかもしれない。もちろん、急速な経済成長を実現している中国には民主主義がないじゃないかというように、いくらでも反論はできるけれども、一つの立場として考慮するに値すると思う。」

経太：「ベンジャミン・フリードマンという名前は、初めて聞きました。先生と話していると、まだ知らないことが多くて恥ずかしくなります。時間があったら、その論文を読んでみます。」

杉本：「参考意見として読んでみるとよい。とくに、アメリカでも日本でも、コロナ禍でさらに経済が落ち込み、経済格差が拡大していくと、社会全体に不穏な空気が流れはしないかという心配は、たとえ杞憂《きゆう》に終わったとしても、責任ある立場にある人たちは頭のなかに入れておくべきだと思う。今日は長いあいだ話したので、この辺でおしまいにしようか。」

経太：「本当にありがとうございました。」

(注7) Benjamin Friedman, "The Moral Consequences of Economic Growth," *Society*, January/February 2006.
より詳しくは、ベンジャミン・フリードマン『経済成長とモラル』地主敏樹・重富公生・佐々木豊訳（東洋経済新報社、2011年）を参照のこと。

第2章 需要と供給1

栄一君とモームを読んでいく日がやってきた。高校英語の基礎は、すでに中学3年のときに叩き込んでおいたが、経太は、自分が高校生のとき、受験英語に何が役に立ったかを思い出してみた。友達が読んでいるような参考書や予備校のテキストは面白くないので、全く読まなかった。しかし、ちょっと背伸びして読んだ三冊は、その後の勉強にとてもためになった。三冊とは、次の通りである。

(1) 朱牟田夏雄『英文をいかに読むか』(文建書房、1959年)――この本は長いあいだ品切れだったが、最近、復刊された(新装復刊、研究社、2019年)

(2) 江川泰一郎『英文法解説〔改定三版〕』(金子書房、1991年)

(3) 佐々木高政『和文英訳の修業〔四訂新版〕』(文建書房、1981年)――この本も長く品切れだったが、まもなく、復刊される予定である(新装版、金子書房、2021年)

いま読み返してみても、この三冊がマスターできていれば、どこの大学入試でも英語は楽勝なはずだ。モームを読むときも、この三冊で学んだことは役立つだろう。栄一君は知っているだろうか?

杉本先生のお宅に着くと、栄一君がすでに待っていた。高校もオンライン授業になっているらしいが、うちにこもり切りはつらいので、自宅の付近で人出のないところを探して運動しているそうだ。どうもその外出から帰ってすぐに、私が現れたということのようだ。

経太：「栄一君、「巣ごもり」生活は長く続くと本当に疲れてくるね。」

栄一：「全くどうにかならないのかなあ。友達に直に会えないのはつまらない。ＬＩＮＥでいつでも話せるといえばそうだけれども、対面の代わりにはならないと思う。」

経太：「そうだね。しかし、先生も言っているように、「巣ごもり」生活は、深くものを考えるよい機会だと前向きに捉えることにしようか。」

栄一君は、前もって言っておいたように、モームの『サミング・アップ』を辞書を引きながら精読したのだろう。本には英単語を調べた跡や下線が引いてあった。

栄一：「このエッセイは、やはり皮肉が効いてますね。僕も嫌いではない。出だしは、次のような英文がよかった[1]。」

I have had a varied, and often an interesting, life, but not an adventurous one. I have a poor memory. I can never remember a good story till I hear it again and then I forget it before I have had a chance to tell it to somebody else. I have never been able to remember even my own jokes, so that I have been forced to go on making new ones. This disability, I am aware, has made my company less agreeable than it might otherwise have been.

経太：「英文法がわかっていれば難しい英文ではないね。訳すだけなら満点が狙えるかも。しかし、直訳すると、ちょっとぎこちない日本語になる。」

栄一：「〝私は変化に富んだ、しばしば面白い生涯を過ごしたけれども、冒険の多いものではなかった〟というのではダメということですか？」

経太：「学校で訳すときはそれでも構わないので、英語の先生に従ったほうがよい。しかし、ふつう、もう一工夫ほしいところだ。英米人は、この英文を当然ながら前から後ろに読んでいくので、私たちもそのように頭を使うように訓練したほうがいい。例えば、My life has been varied, and often interesting, but not adventurous. と言い換えたような英文を訳すと考えて、〝私の生涯は変化に富んでおり、しばしば興味深かったけれども、波乱の多いものではなかった〟というように。この英文は、varied, interesting, adventurous という形容詞が順番に出てくるので、その順序を生かした訳文にしたい。わかるかな？」

栄一：「なるほど。」

経太：「あとで訳書の名訳を掲げるから、解説を続けるよ。」

経太は、まるで「翻訳家」になったかのように、一文一文、栄一君に読み方を教授していった。これだけ説明すればいいだろうと思って、最後に訳書の名訳を紹介した。

「私の生涯は、いろいろ変化もあり、興味深いこともあったけれど、波乱に富むものではなかった。おまけに私は記憶力に乏しい。面白い話を聞いても二度聞かないと覚えられないし、他の人に話す機会が来る前に忘れてしまうのだ。自分が飛ばしたジョークさえ忘れてしまうので、いつも新しいジョークを考え出さなくてはならない有様だ。うまいジョークが飛ばせれば、同席する人にもっと良い印象を与えられただろうが、実際はあまり楽しくない相手だと思われていたようだ。」（モーム『サミング・アップ』行方昭夫訳、岩波文庫、２００７年、７－８頁）

（注１） W. Somerset Maugham, *The Summing Up*, p.1.

最後の英文の訳だけは訳書のレベルが高すぎるので、「このようなことができなかったので、それができた場合よりも、自分のそばにいる人たちにあまり楽しい思いをさせなかったと感じている」のような訳でもよいと言い添えた。訳者はうますぎる。

こうやって数ページ読んだら結構な時間が経っていたので、今日はおしまいにすることにした。

栄一：「英文解釈というのは、日本語ができないとうまくならないのですね。」

経太：「その通りだよ。英文解釈のさらに上の翻訳ともなれば、なおさらそうだ。日本語で書かれた名作は読むべし。来週も頑張ろう！」

＊　＊　＊

杉本先生からは、今日は、「需要と供給」というテーマで話を聴くことになっていた。マーシャルで習って以来、懐かしい需給均衡理論だなと思っていたら、さすがに杉本先生は博学だ。途中からいろいろな方向に話が展開していった。

杉本：「栄一はモームは少しは読めるかな？」

経太：「はい。私が高校生のときよりも出来がいいと思います。」

杉本：「たぶん苦労しているはずだから、よろしく頼むよ。モームは、私の頃の受験参考書にはよく出てきた。私は、彼の *Of Human Bondage*（1915）という小説が好きだったね。中野好夫訳の新潮文庫（タイトルは、『人間の絆』と訳されていた）で初めて読んだけれども、原文が気になって日本橋の丸善まで原書を買いに行ったのを覚えている。最近、行方昭夫氏の『モームの謎』（岩波現代文庫、2013年）を読んで、改めて面白いと思ったね。」

経太：「そうでしたか。ところで、今日のテーマは「需要と供給」だそうですが。」

杉本：「そうだった。本題に戻らなければならないね。いまは、ミクロ経済学のオンライン授業で一般均衡理論でも学んでいるのかな？」

経太：「はい。最初にマーシャルの部分均衡とレオン・ワルラスの一般均衡を対比して、前者は後者の特殊ケースだとさらりと教えて、一般均衡理論に入っていきました。」

杉本：「それはきっと若い教員の授業だろう。1年生の授業なら、もっと部分均衡理論で解明できる可能性を図を用いて教えたほうがよいと思う。私が若い教員だった頃は、林敏彦氏の『需要と供給の世界〔第一版〕』（日本評論社、1982年）があったので、それをテキストに使って教えたね。改訂版（1989年）まで出た定評ある本だった。」

杉本先生は、書棚からその本を取り出して、パラパラとめくり始めた。

経太：「部分均衡理論は、特定の財の市場を取り上げて、そこでの需要と供給の均衡を考察するものという理解でよいのですか。」

杉本：「もちろん、それがマーシャルの教えた均衡理論だ。経太君は、すでにマーシャルの「一時的均衡」「短期正常均衡」「長期正常均衡」の区別を知っているはずだけれども、1年生に考えさせるには、次の段階に進むべきだね。」

経太は、マーシャルの需要曲線と供給曲線を思い出しながら、杉本先生がどんな例を出すのかを思いあぐねていた。

杉本：「マーシャルの部分均衡理論では、需給曲線の交点でプラスの価格がつく例ばかりだったけれども、現代では、マイナスの価格がつく場合も容易に考えることができる。先に触れた林氏の『需要と供給の世界』が出た頃は、まだ家庭ゴミを出す袋を有料で買うとか、ゴミを適切に分別するとか、明確なルールができていなかったのだけれども、いまでは、日本のどこに住んでいても、当たり前になった。林氏のセンスが光るのは、最初のほうにまさにこの問題を取り上げていることだ（同書13頁の図を少し修正したものを図1として掲げよう）。

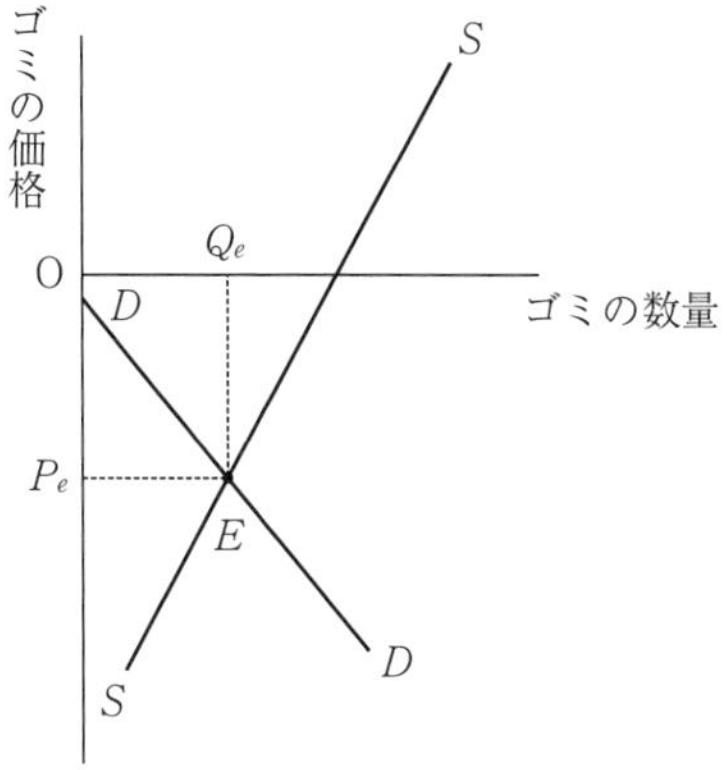

図 1

家庭ゴミを需要するのはゴミ処理業者、それを供給するのはその地区に住んでいる家庭であることはわかるね。しかし、ゴミ処理業者は、家庭ゴミを有料で買おうとはしない。当然だ。だから、需要曲線は図1のような形をしている。ゴミを出す家庭のほうは、ゴミの価格が安ければ供給量は減る、逆にゴミの価格が高ければ増えるという関係はあるけれども、供給曲線の下のほうは、価格がマイナスになる領域に関係してい

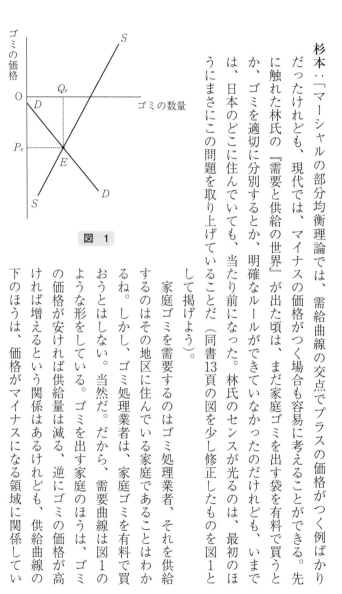

るので、ゴミの価格が下がっていく（例えば、マイナス50円がマイナス100円になる）とは、それだけゴミを回収してもらうためにお金を払わなければならないということを意味している。だから、価格がマイナス50円のときよりもマイナス100円のときのほうが供給量は減ることになる。

図1では、需給曲線の交点Eでは、マイナスの価格P_eが成立しているのがわかるね。家庭ゴミを出すのに、その地区専用の袋を有料で買わなければならないというのは、こういうことだ。」

経太：「なるほど。」

杉本：「マーシャルの部分均衡理論は、限界さえわきまえていれば、いろいろな分野の問題に適用可能で、しかも簡単な図を使ってその論理を考えることができるという利点をもった分析手法だ。

私が学生の頃は、有名なポール・A・サムエルソンの『経済学』が教科書だったけれども、そこでは、農家への援助計画（作物制限、価格支持政策、生産者・消費者間の価格差補給）が需給曲線を使って説明してあった。このうち、生産者・消費者間の価格差補給というのは、日本でも生産者米価と消費者米価の差という似たような状況があったから、わかりやすかった（『サムエルソン経済学（上）〔第10版〕』、都留重人訳、岩波書店、1977年、686頁の図を少し修正したものを図2として掲げよう）。」

杉本先生は、書棚からサムエルソンの『経済学』の翻訳書を取り出して、図2のような図を描いた。先生の説明はこうだった。いまは、ごく「短期」を想定しているので、供給曲線SSは垂直だ。政府が何も介入しなければ、それと需要曲線DDとの交点Eで価格が決まる。しかし、この価格では農家が経済的に苦しいということなら、例えば政府が支持価格BB（「パリティ」と呼ばれる）を設定する。この支持価格では、CFだけの超過供給が生じる。それを避けるには、消費者には、政府介入がないときの需給均衡点Eで決まる価格で農産物を売る。そして、政府が支持価格との差額分（EF）を支払う。供給量はOSだから、政府は$AEFB$だけの費用を負担

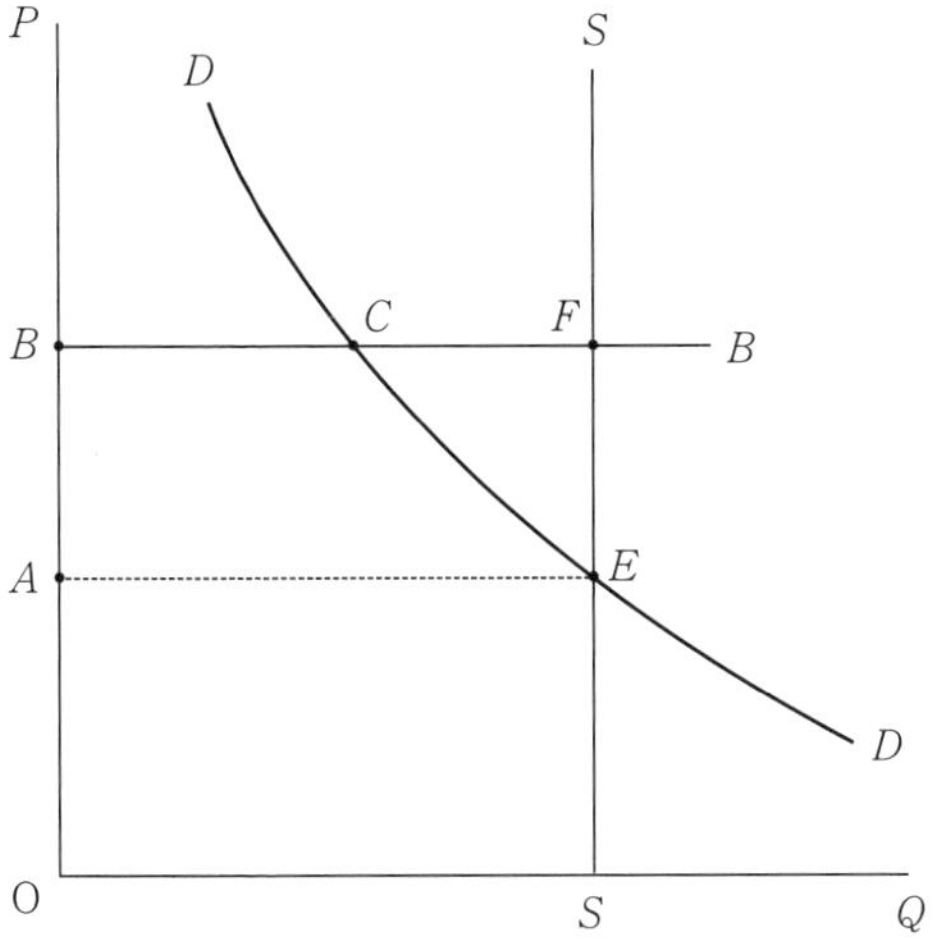

図 2

しなければならない、ということだ。

杉本：「もちろん、現実はもっと複雑だから、どのような政府介入がよいのか、どれほど市場メカニズムを頼ればよいのか、等々の問題はよく事実を調べて考えていかなければならないけれども、需給曲線があれば、どの辺に問題があるかを単純化して示すことができる。しかし、繰り返すけれども、マーシャルは部分均衡理論の守備範囲とその限界をよくわきまえていた人だ。すべてを需給均衡で考えたわけではないから、注意してほしい。

では、その後の経済学は、部分均衡理論では満足せず、なぜ一般均衡理論の方向に行ったのか？」

経太：「オンライン授業では、その辺の説明があまりなかったように思いました。」

杉本：「経太君、学界は、マーシャルから一足飛びにワルラスに行ったわけではないんだよ。マーシャルは、ケインズ革命以前は、学界の頂点に立っていた、まさに「法皇」だったと言ってもよい。マーシャルの『経済学原理』こそが経済学だったわけだ。当時、ワルラスは、ローザンヌ・アカデミー（のちにローザンヌ大学となる）の法学部で理解者の少ない数理経済学を講じていたという意味では、全くマイナーな存在だった。ワルラスは、自分の仕事の意義を認めてもらうために、ヨーロッパ中の学者たちにせっせと手紙を書いたのだけれども、反応はいまいちだった。ワルラスの書簡集は、ウィリアム・ジャッフェという研究者が分厚い三巻にまとめているから、図書館が開いたら眺めてみるとよい[2]。

ところが、1930年代になると、LSE（London School of Economics and Political Science）のライオネル・ロビンズを中心に、ケンブリッジ学派に対抗する動きが出てきた。ロビンズの生涯は波乱に富んでいるけれども、これは別の機会にでも話そう。彼は、オックスフォード大学（ベリオル・カレッジ）出身のジョン・リチャード・ヒックス（のちのサー・ジョン・ヒックス）を鼓舞して、ヨーロッパ大陸の一般均衡理論（ワルラスやヴィルフレド・パレートなど）を研究させた。ヒックスは、もともと、数学専攻だったけれども、のちに経済学に転じた研究者だ。しかも、語学も堪能だったので、当時ほとんど英訳がない大陸の文献が楽に読めた。もちろん、イギリスが母国なのだから、マーシャルには相応の尊敬の念を抱いていたと思う。彼はイギリス紳士の典型で、言葉遣いも丁寧だった。しかし、大陸の一般均衡理論を研究してみて、財同士の「代替」や「補完」の関係も考慮すると、ある特定の財の需給を考えるだけではダメで、厳密には、いろいろな財

（注2） Leon Walras, *Correspondence of Léon Walras and Related Papers*, edited by William Jaffé, 3vols., 1965.

の相互依存関係を吟味しなければならないと悟ったんだね。彼の研究の成果は、1939年、『価値と資本』と題して出版された（第二版が1946年に出ている）。英語圏の読者がワルラスやパレートの業績を知ったのは、ヒックスの『価値と資本』を通じてだということは覚えておいてほしい。」

杉本先生は、『価値と資本』の「諸論」のなかのポイントを読み上げてくれた。

「経済理論が取扱わねばならぬ、幾多の変数をもつ問題の大部分は、調べてみると、諸市場の相互連関の問題であることが判明する。たとえば、賃金理論の比較的複雑な問題は、労働市場、消費者市場、および（おそらくは）資本市場の相互連関を含んでいる。国際貿易の比較的複雑な問題は、輸入品および輸出品の市場と資本市場との相互連関を含んでいる、等々。われわれが主として必要とするのは諸市場の相互連関を研究するための手法である。

かくのごとき手法を尋ねるにあたっては、われわれはおのずから、特別にこのような相互連関を研究した著述家——すなわち、ローザンヌ学派の経済学者ワルラスおよびパレート、それにわたくしはウィクセルを加えるべきであると思う——の著作に向わざるをえない。これらの著述家が大成した一般均衡の方法は、諸市場の相互連関のある複雑な型《パターン》という形で、経済体系全体を展示することを特別に目的としていたのである。われわれ自身の仕事はどうしても彼らの伝統に従い、彼らの仕事の継続であるの他はない。」(『価値と資本』上巻、安井琢磨・熊谷尚夫訳、岩波文庫、1995年、31頁)

経太：「そうなのですね。ミクロ経済学の「消費者選択の理論」のところで「代替効果」や「所得効果」などの概念を習いましたが、これもヒックスが考えたことですか?」

杉本：「それは、確かに、『価値と資本』のなかに出てくるね。ヒックスが初めて考案したというよりは、彼がワルラスやパレート(とくに後者)から学んだことを、わかりやすく図示したものだ。「無差別曲線」や「予算線」と一緒に出てきたのではないかな。その部分は基本中の基本だから、オンライン授業をよく聴いたほうがいい。ヒックスは、本文ではできるだけ数学を使わず、主に図を使って説明しているけれども、巻末の数学付録ではn財の場合の一般化を数式を使って説明している。これが彼のスタイルだ。」

経太：「消費者が限られた予算の制約内で、2財の消費をどのように組み合わせれば効用が最大化されるか、という問題は、図を使って習いました(無差別曲線と予算線が交差する点があるので、視覚的にはわかりやすい)。しかし、オンライン授業の教員は、あまり図には気が乗らないのか、すぐラグランジュ乗数を使った制約条件付き最大化の問題でさらっと仕上げてしまいました。」

杉本：「1年生からそんなに数学ができれば教えるほうは楽だけれどね。一応の背景を説明してほしいところだ。」

ところが、杉本先生は、大事な忘れ物したという感じで、次のように語り始めた。

杉本：「マーシャルが世界の学界の頂点に立っていたとき、ワルラスはマイナーな存在だったと前に言ったけれども、例外の国が一つある。どこだかわかるかな?」

経太：「スイスのローザンヌで教えていたのですから、スイスでしょうか?」

杉本：「いや。日本だよ。」

経太：「なぜですか!?」

杉本：「日本は、明治維新前後からいろいろな経済思想が輸入されたけれども、イギリスのようにアダム・スミス以来の経済学の伝統がなかったら、「主流」といえるような経済学はなかった。それこそ、自由主義経済学も歴史学派もマルクス主義も、全部一緒くたに入ってきたようなものだ。もちろん、まもなく東京帝国大学その他でドイツの官房学や歴史学派が教えられていたということはあるけれども、それは世界の学界の主流ではないから、教えられた学生たちには、マーシャルの『経済学原理』こそがいわば「世界標準」だということはわからなかったと思う。」

経太：「そうでしたか。そこにシュンペーターがどうかかわってくるのですか？」

杉本：「シュンペーターは初期にワルラスの一般均衡理論を研究したとき、それが将来の経済理論の基礎になると確信していたんだ。当時の主流はマーシャル経済学だったけれども、ワルラスから学んだ一般均衡理論に、自分がウィーン大学で学んだフリードリッヒ・ヴィーザーの帰属理論を一部採り入れて、独自の「静態」概念をつくった。その「静態」は、企業家が銀行家の資金的援助を受けてイノベーションを遂行するとき破壊されるけれども、『経済発展の理論』では、「静態」に始まり、「好況」と「不況」という景気の波を経て最後はより経済的には豊かになった「静態」に戻ってくるという構成をとっていた。

シュンペーターの発展理論の話はあとに回すことにして、１９２０年代の終わる頃、彼が出発点にもってきたワルラスの一般均衡理論を、ドイツでシュンペーターが教授をしていたボン大学に学びにきた日本人の留学生がいた。その名前は、のちに一橋大学の教授や学長をつとめた中山伊知郎《なかやまいちろう》（1898−1980）だ。彼は先にボンに来ていた東京帝国大学農学部出身の東畑精一《とうばたせいいち》（1899−1983）とともに、シュンペーターの弟子になった。さらに、1930年代のハーヴァード時代に、シュンペーターは、もう一人の優れた日本人の経済学者を弟子にもつようになった。都留重人《つるしげと》（1912−2006）だ。この三人は、日本に帰国してから、学界でも論壇でも大きな影響力をもったので、シュンペーターの経済思想が彼らを介して日本国中に広まっていくことになったんだ。三人のなかで一般均衡理論の日本での普及に最も貢献したのは、名著『純粋経済学』（岩波全書、初版は1933年）を出版した中山伊知郎だろうね。中山に続いて、高田保馬《たかたやすま》、栗村雄吉《くりむらゆうきち》、安井琢磨《やすいたくま》など、若く優秀な研究者が一般均衡論を研究し始めた。」

経太：「では、マーシャルはどうなったのでしょうか？」

杉本：「一人だけ東京商科大学にいた。たぶん全国でもごく少数だったのではないかな。中山と同じく福田徳三《ふくだとくぞう》門下で、名前がなんとうちの息子と同じだ。杉本栄一《すぎもとえいいち》は若くして亡くなった経済学者なのだけれども、一橋大学では経済原論は二人の競争講義だったというから、中山の一般均衡理論と杉本の部分均衡理論が並立していたことになる。ところが、欧米の経済学者の圧倒的多数はマーシャリアンだったから、日本の学界は世界的に見ても珍しいくらい、初期からワルラス研究が盛んだったんだ。」

経太：「そうなのですか。誰もそんなことは教えてくれませんでした。」

杉本：「私は歳を食っているからね（笑）。少しばかり一日の長がある。今日はこの辺にしようか。続きは次回にしよう。」

経太：「長い時間ありがとうございました。」

経太は、うちに帰ってから、「まだ図書館が開いていないだろう」と杉本先生が貸して下さったヒックスの『価値と資本』をパラパラとめくってみた。確かに、ミクロ経済学のオンライン授業で習ったことが、次々に出てきたのでビックリしてしまった。

「無差別曲線」がパレートによって導入されたことも、ちゃんと書いてあった。無差別曲線とは、同じ効用をもたらす財の組合せをつないだ曲線のことである。限られた予算を二つの財

（XとY）に費やすという簡単な例なら、ヒックスが描いたように、図3を使って説明することができる（『価値と資本』上巻、前傾、52頁の図を少し修正）。あとでミクロ経済学の教科書を確かめてみるが、消費者の効用は、予算線MLの勾配（X財とY財の価格比）と無差別曲線IIの勾配（これを「限界代替率」という）が等しくなる点Pにおいて最大化される。

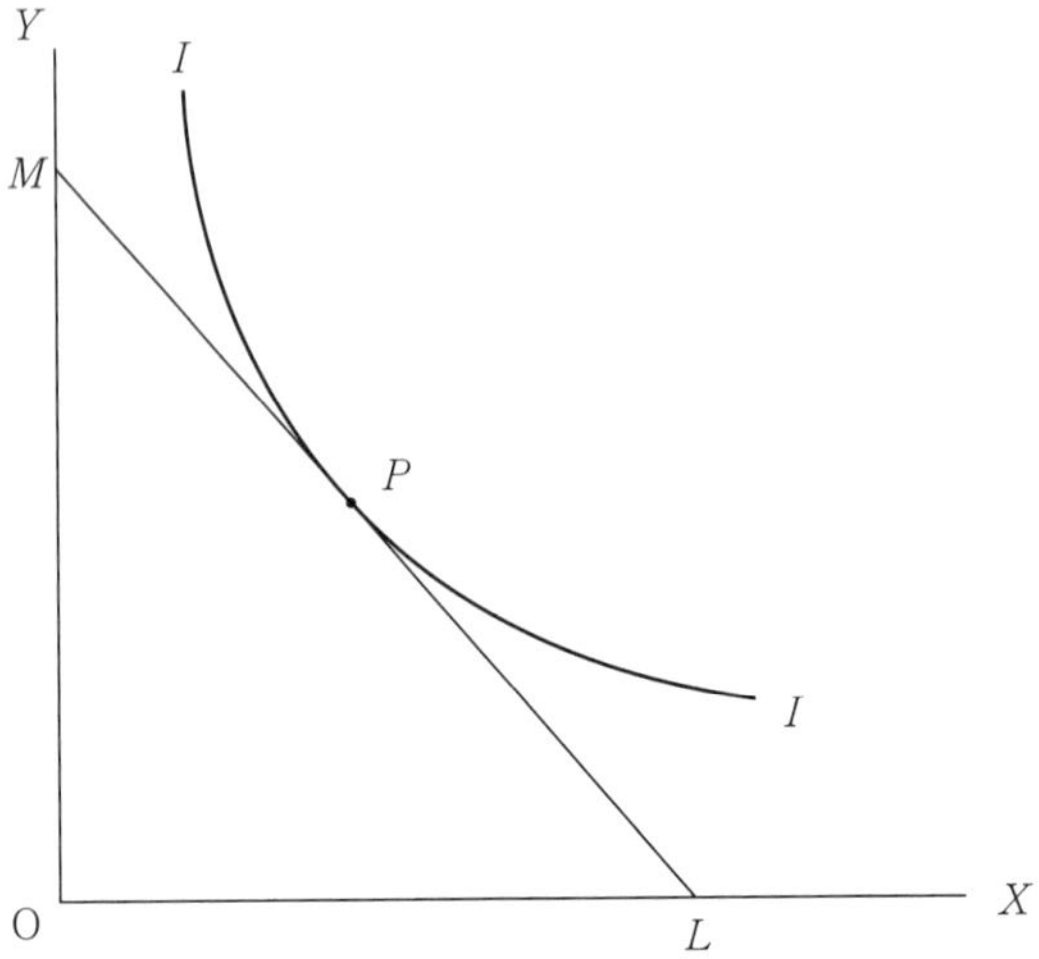

図 3

『価値と資本』を読み進んでいくと、次に、X財とY財の相対価格が変化したとき、どのような影響が生じるかが議論されているが、そこで説明されている「所得効果」と「代替効果」、「上級財」と「下級財」など、教科書より先にほとんどヒックスが取り上げているものばかりだった。おまけに、オンライン授業の教員が得意げに説明したスルーツキイ方程式も、『価値と資本』の数学付録に出てきた。もちろん、これはエヴゲニー・スルーツキイという人が書いた方程式に違いないが、一つの体系書にまとめ上げたのはヒックスの功績だから、教科書はもっとヒックスに言及すべきではないのかな？　と経太は思った。そんな感想を杉本先生に電子メールで送ったら、しばらくして返信が届いた。

「経太君、それは世代間の違いだね。私たちの時代は、ケインズやヒックスなど現代経済学の古典を読んで勉強するのがふつうだったけれども、現在は、それらをうまく数理モデルにしたものを配列した教科書が読まれているようなものだから。しかし、経太君がいうように、ヒックスの貢献をいまの教科書もちゃんと書き込むべきだという意見には賛成だ。実は、ヒックスは、後年、初期の『価値と資本』の立場からは離れていくのだけれども、現代経済学と直結している『価値と資本』の重要性が減じたわけではない。その本の重要性に気づいた経太君は大したものだ。

ただ、若い教員の弁護をするわけではないけれども、ケインズやヒックスの時代の「経済学者」には珍しくなかった教養レベルと、現代の経済学教育によって養成された研究者のそれが、質的に全く違ったものになったことだけは認識しておく必要があると思う。例えば、『価値と資本』のなかに引用されている文学作品のどれほどを現代の経済学者が読んでいるだろうか？あまり読んでいないだろう。経済学者には限られないけれども、経済学は社会科学のなかでも高度に数理化されてしまったので、他の学問分野から謙虚に学ぶ姿勢が多少失われているということだけは確かだね。

経太君もお気に入りのケインズが、師匠であったマーシャルの追悼文を書いたとき、経済学者の要件に触れた有名な文章がある。これを読んで、経太君も考えてみてほしい。」

経太は、杉本先生が引用したケインズの文章をさっそく読んでみた。

「彼はある程度まで、数学者で、歴史家で、政治家で、哲学者でなければならない。彼は記号も分かるし、言葉も話さなければならない。彼は普遍的な見地から特殊を考察し、抽象と具体とを同じ思考の動きの中で取り扱わなければならない。彼は未来の目的のために、過去に照らして現在を研究しなければならない。人間の性質や制度のどの部分も、まったく彼の関心の外にあってはならない。彼はその気構えにおいて目的意識に富むと同時に公平無私でなければならず、芸術家のように超然として清廉、しかも時には政治家のように世俗に接近していなければならない。こうした理想的な多面性の多くを、そのすべてではないが、マーシャルは具《そな》えていた。しかし主として、彼の雑多な訓練と分裂した本性が、経済学者として必要な資質の最も不可欠で基本的なものを彼に与えた。――彼は歴史家としても数学者としても異彩を放ち、特殊と普遍、一時的なものと永遠なものとを同時に取り扱うことができた。」（J・M・ケインズ『人物評伝』大野忠男訳、東洋経済新報社、1980年、233頁）

なるほど。確かに、こんな経済学者は、現代にはそういないだろう。マーシャルやケインズの時代は遠くに行ったようだ。しかし同時に、経太は、コロナ禍のなかで杉本先生のような博学な経済学者と対面で教えを受けられるのは幸せだとつくづく思った。

第 3 章

需要と供給 2

栄一君が日本におけるマーシャル研究の開拓者だった杉本栄一と同姓同名だったとは、この前の訪問の日、初めて知った。杉本先生は、栄一君に経済学者になってもらいたくて、あの名前を付けたのだろうか。いまのところ、栄一君は自然科学系の学問のほうが向いているように思えるが、経済学部で理系入試という、数学や理科を重視した学生を募集している大学もあるから、将来のことはわからない。

それはさておき、栄一君と読んでいる、モームの『サミング・アップ』は、テキストとしてはなかなかよいのではないかと思う。ウィットが効いている。日本にはモームのファンが多いのか、先日、「日本モーム協会」というのがあるのを知った[1]。最近、モームの短編小説四つを題材にした往年の映画「四重奏」（１９４８年）がＤＶＤで発売されているらしい。だが、モームの作品の映画化なら、杉本先生が原作を読んだという「人間の絆」（１９６４年）のほうがインパクトがあった。そんなことを考えていたら、先生のお宅に着いた。緊急事態宣言は解除されたが、まだ大学はほとんど閉まっているので、先生のお宅が「教室」のようなものだ。

栄一君は、待っていた。

栄一：「先輩、モームは諜報員だったことがあるんですね。」

I HAVE ALWAYS wondered at the passion many people have to meet the celebrated. The prestige you acquire by being able to tell your friends that you know famous men proves only that you are yourself of small account. The celebrated develop a technique to deal with the person they come across. They show the world a mask, often an impressive one, but take care to conceal their real selves. They play the part that is expected from them and with practice learn to play it very well, but you are stupid if you think that this public performance of theirs corresponds with the man within.

経太：「調べたのかな？　このエッセイにも、諜報員だった頃に観察したかもしれないことが反映されているかもしれないね。」

栄一：「今日はここが気に入ったところ。」

そう言って、栄一君は上の英文を引き出した[2]。

経太：「出だしから、英語らしい表現が出ているけれども、どう訳すかな？」

栄一：「それが難しい。「私は、つねに、多くの人々が著名人に会わなければならない情熱というものを不思議に思ってきた」と訳してはダメだと言われそうだから。」

（注1）　https://maugham.exblog.jp/

（注2）　W. Somerset Maugham, *The Summing Up*, pp.3-4.

経太：「ダメではないし、高校生の訳としては合格だと思う。しかし、なんか不自然な日本語だと思わないかな？」

栄一：「そうだから悩んでいるんです。」

経太：「大切なのは、暗記した単語や熟語の代表的な訳語にこだわらずに頭を柔軟に働かせること。have to とあると、「しなければならない」と訳したくなるかもしれないけれども、ここは、「多くの人々がどうしても著名人に会いたい」くらいの意味だ。many people have to 以下が passion にかかるのはわかるね。しかし、「著名人に会いたい情熱」と直訳するのも、ややつながりがよくない。だから、「私は常日頃、多くの人々がいかに熱心に著名人に会いたがっているのかをみて不思議に思ってきた」と訳してみる。passion を副詞的に解釈しているのがミソ。」

栄一：「なるほど。しかし、どうしてそんな訳がスラスラ出てくるのですか？」

経太：「それは、先日、私が先生から言われたことだけれども、英文を読むことに関しては、私のほうに一日の長があるからだよ。」

栄一：「そうかあ。僕も頑張ろう。」

訳者は相変わらず巧いので、以下に掲げておこう。

「多数の人々が有名人にぜひ会いたいと切望しているのを、私は常々不思議に思っている。自分の友人たちに有名人を知っていると言えることで得られる名声など、とりもなおさず自分自身は無名だということの証明に他ならないではないか。著名人は知り合いになろうと寄ってくる人々を扱うコツを身につけている。世間に向けて仮面をつけているのだ。大抵は感銘を与えるような仮面をつけていて、本当の姿を隠すように努める。世間に期待されているような役を演じ、練習して巧みに演じられるようになるのだ。けれども、こういう世間向けの演技を彼らの本当の姿だと受け取るのは愚かなことだ。」（モーム『サミング・アップ』行方昭夫訳、岩波文庫、2007年、12頁）

＊　＊　＊

杉本先生は、居間でクラシック音楽を聴いていた。経太も知っている、ベートーヴェンの第7交響曲だ。CDのラベルには、指揮者カルロス・クライバーと、ウィーン・フィルハーモニー管弦楽団の名前が書いてあった。あの名盤だな。自分は、ヘルベルト・フォン・カラヤン指揮、ベルリン・フィルハーモニー管弦楽団の演奏のほうが好きだが、最近は、古楽器による演奏が増えたので、「ずいぶん懐古趣味だな」と高校時代の友人にからかわれたことがある。

経太：「先生は、クライバーのファンなのですか？」

杉本：「好きだね。いまはＣＤで聴いているけれども、昔買ったＬＰレコードは大切にとっているよ。クライバーがミラノ・スカラ座歌劇場と来日したときの公演、東京文化会館でのプッチーニの歌劇「ラ・ボエーム」の上演は忘れられない思い出だ。しかし、いまベートーヴェンを聴いているのは、２０２０年がベートーヴェン生誕250年という記念の年なのに、コロナ禍で世界中のベートーヴェン関連のイベントが中止になっているからだ。もっとも、オンラインではいろいろやっているのかもしれないけれども、ライブにはかなわない。」

経太：「私は、エリアフ・インバルが東京都交響楽団の常任指揮者のとき、ブルックナーやマーラーの交響曲の演奏をずいぶん堪能しました。外国のオーケストラの来日チケットは高いので、なかなか行けません。でも、インバルはブルックナーとマーラーには定評のある指揮者なので、下手な外国のオケよりもいいと思いました。」

杉本：「経太君もなかなかクラシック通のようだね。さて、前回の続きの話をしようか。」

経太：「ヒックスの『価値と資本』が現代経済学の古典だという意味はよくわかりましたので、ゆっくり読んでみようかと思います。」

杉本：「それはよい心構えだ。今日は、経済学が、『価値と資本』も仮定している「完全競争」から「不完全競争」「寡占」「独占」などへといろいろな競争形態を分析するようになった経緯について話そうかと思う。」

杉本先生は、書棚からマーシャルの『経済学原理』とワルラスの『純粋経済学要論』を取り出した。そして、先生は原書を持ち、経太には日本語版を渡した。

杉本：「経太君、「完全競争」の定義は、ミクロ経済学のオンライン講義で正確に習っただろうけれども、まず、ここでは、サムエルソンが初学者用に説明したことを再掲しておこう。」

「完全競争は経済学者によって技術的用語として定義されている。すなわち「完全競争」というのは、農民も実業家も労働者も市場価格にたいして個人的な影響をもちうるほどには大きな部分をなさないようなときにだけ存在する。これに反して、個々の農民や実業家や労働者が供給する穀物、商品ないしは労働が、市場価格を目に見えて左右するほどにその分量が多いときには、ある程度独占的な不完全性が存在するわけで、その場合、「見えざる手」の効能はそれだけ減殺されざるをえない。」（ポール・A・サムエルソン『経済学（第10版）』、上巻、都留重人訳、岩波書店、1977年、74頁）

杉本：「サムエルソンの定義はちょっと大雑把だけれども、とりあえずは、これでよしとしよう。要するに、消費者や企業などの経済主体が多数存在しているので、市場価格には全く影響を及ぼすことができない、ということだ（厳密には、その上、「完全知識」「同質の商品」「参入・退出の自由」の条件も必要だが、これについては、ミクロ経済学の教科書をよく読んでほしい）。ところが、問題なのは、ふつうの教科書では、マーシャルもワルラスも「完全競争モデル」を提示した「新古典派」として解説されていることだ。このような理解は、ワルラスについては、正しい。経太君、ワルラスの本の付箋のあるところになんと書いてあるか読んでごらん。」

経太は、急いでページをめくった。こうあった。

「純粋経済学は本質的には絶対的な自由競争という仮説的な制度の下における価格決定の理論である。」（レオン・ワルラス『純粋経済学要論』久武雅夫訳、岩波書店、１９８３年、×頁）

杉本：「そこにある「絶対的な自由競争」というのは、今日の言葉では、「完全競争」と同じだ。つまり、ワルラスによれば、経済理論は完全競争モデルだということだね。彼は、もちろん、独占やその他の競争形態を知らなかったわけではないけれども、少なくとも『純粋経済学要論』のコアな部分は、完全競争を一貫して仮定していると言ってよい。ところが、マーシャルの場合は、その辺が微妙だ。

私が大学院生の頃、馬場啓之助訳の『経済学原理』が出たので、さっそく読んでみたんだ。しかし、マーシャルは現実をとてもよく知っていたので、かえって経済理論家としては中途半端になっているのではないかと思えた。もっとも、私は歳を重ねるにつれて、マーシャルに対する尊敬心を新たにすることになったけれども、若い頃は、論理的な明快さを追い求めがちだ。経太君だって、そうだろう？　違うかな？　若き日の私が抱いた違和感を説明するから、手元にあるマーシャルの『経済学原理』から、一番目の付箋のあるところを読んでみてくれないか？」

経太は、渡されたマーシャルの『経済学原理』の該当部分を読んでみた。

「われわれは正常な需要と正常な供給の均衡を、これからその最も一般的な形態に即して探究していくことにしよう。経済学の特定の部門にだけ関連するような特殊な性状は無視して、その全体にほぼ共通してみられるところの広い関係だけに注目していこう。したがって次のような想定が成り立つものとみていく。需要と供給の諸力は制約されることなく働いており、売買いずれの側においても業者のあいだの稠密《ちゅうみつ》な連携は結ばれていない。自由競争が十分に行なわれていて、買い手は一般に買い手仲間と自由に競争するし、売り手も売り手仲間と自由に競争している。すべての者は自分のために行動しているのだが、他の者たちが何をしているかは十分によくわかっていて、一般には他の者より安い価格で売ったり高い価格で買ったりはしない。当面、完成財についても生産の諸要因についても、労働の雇用についても資本の借入についても、こういう条件が成り立つものと想定しておくことにしよう。これらいくつかの想定が生活の現実にどの程度適合しているか、すでにこの点については多少の検討を加えてきたが、今後いっそうの吟味を必要としよう。しかしいまのところは、これらの想定を認めておいて探究を進めていくことにする他はあるまい。われわれは市場においては同じ時点ではただ一つの価格しかないと考えていく。もっとも、市場の異なった地点にわかれている業者たちに財貨を配送する経費に相違があれば、必要な際には、これについては別個の考察を加えることにしよう。とくに小売市場の場合、小売のための特別な経費があれば、これについても同様に別建てとして加算していこう。」（アルフレッド・マーシャル『経済学原理』Ⅲ、馬場啓之助訳、東洋経済新報社、1966年、27－28頁）

杉本：「そこに書いてあることは何だと思うかな？」

経太：「少し但書が多いように思いますが、基本的に完全競争を仮定しているということではないのでしょうか？」

杉本：「但書が多いのは、慎重な性格のマーシャルの特徴だね（笑）。忠実なマーシャリアンは、完全競争とは微妙に違うと言うかもしれないけれども、いまの段階では、経太君の言う通り完全競争の仮定だと解釈しても許されると思う。問題は、この仮定を価格決定論のところで堅持してくれればよいのだけれども、そこが微妙なんだね。具体的にいうと、最初、農産物の例を挙げているところは確かに完全競争なのに、製造業の例を挙げるところは明らかに不完全競争の要素が混在していることだ。この問題はまだ初学者には難しいので、いつかまたお話ししよう[3]。しかし、経太君にも、マーシャルが別の本のなかで言っていることを読んだら、何のことだろう？　と思うはずだ。」

そう言って、杉本先生は、書棚からマーシャルの『産業と商業』（初版は1919年、第4版1923年）を取り出して、次のような文章を読み上げた。

「独占と競争は概念的には遠く離れているが、実際には見分けがたい度合でもって一方から他方へ移っており、ほとんどすべての競争的な企業のなかには独占的な要素が存在しており、また、現代において実際上の重要性を何ほどか持つようなほとんどすべての独占は、その力の多くを不確実な条件のもとで保有しているに過ぎず、遠からずして独占力を失うことをまもなく明らかにするであろう。」（アルフレッド・マーシャル『産業と商業』第3巻、永澤越郎訳、岩波ブックセンター信山社、4頁）

経太：「競争が独占へとどのような瞬間？　に移り変わるのかというモデルでもあれば理解できるのですが、教科書的な知識では、独占と競争が区別されないと別々の利潤最大化条件が導き出せません。」

杉本：「そうだね。もう少し高度な産業組織の問題になれば、確かに、マーシャルの言っていることは鋭く、独占がそのまま独占であり続けるのは難しいし、それがどのように崩れるのかを新たな競争概念で整理することも意味をもつだろう。しかし、少なくとも初学者

完全競争

総収入　R
総費用　C
利　潤　π
価　格　p
産出量（販売量）　q

$$\pi=R-C=pq-C(q)$$

p は完全競争では所与

$$\frac{d\pi}{dq}=p-\frac{dC}{dq}=0$$

$$\therefore p=\frac{dC}{dq}$$

$\frac{dC}{dq}$ は限界費用 MC

$$\therefore p=MC$$

不完全競争

$$\pi=R-C$$

$$\frac{d\pi}{dq}=\frac{dR}{dq}-\frac{dC}{dq}=0$$

$$\therefore \frac{dR}{dq}=\frac{dC}{dq}$$

ここで、$\frac{dR}{dq}$ は限界収入 MR、$\frac{dC}{dq}$ は限界費用 MC、すなわち $\underline{MR=MC}$

ただし、不完全競争では p は所与ではなく q の関数だから

$$\frac{dR}{dq}=\frac{d(pq)}{dq}=\frac{dp}{dq}q+p$$

$$\frac{dC}{dq}=\frac{d(aq)}{dq}=\frac{da}{dq}q+a$$

ここで、a は平均費用

企業の長期均衡のためには、$\underline{p=a}$ の条件も必要だから $\frac{dp}{dq}=\frac{da}{dq}$ となる。

表 1

にミクロ経済学の基本を教えるときは、それでは頭が混乱するだろうね。ところで、いま経太君は利潤最大化条件といったけれども、それは覚えているかな？」

経太：「覚えているというよりも、ほとんど微分の演習のようなものなので、いまホワイトボードに数式を書きます。」

経太は、完全競争と不完全競争（独占を含む）の利潤最大化条件の違いを、表1のように左右に書き分け

（注3） 根井雅弘『近代経済学の誕生―マーシャルからケインズへ』（ちくま学芸文庫、1994年）第9章を参照。伊藤宣広「マーシャルにおける自由競争概念」（『高崎経済大学論集』第53号第1号、2010年）も参考になる。

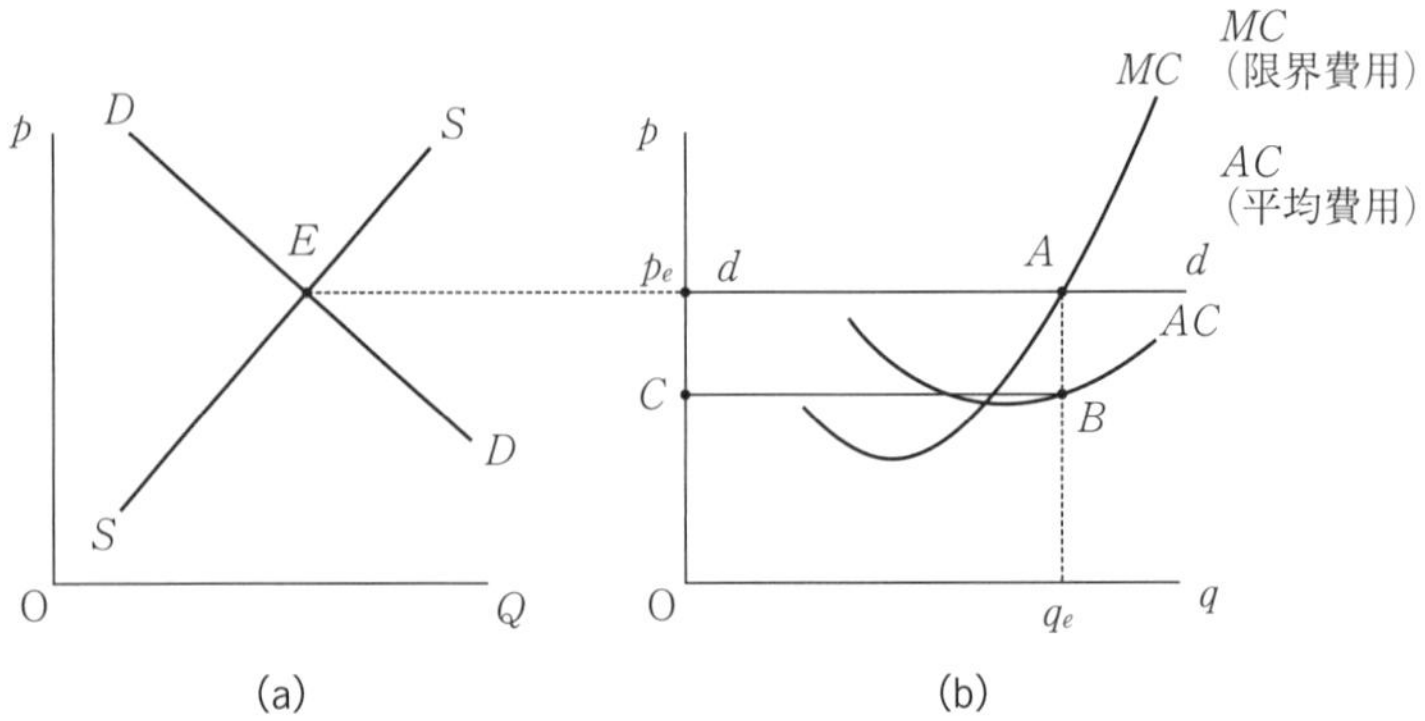

完全競争市場では、(a)に示されるように、全体としての需要曲線DDと供給曲線SSとの交点Eにおいて価格が決まる(p_e)。p_eが与えられると、個別企業にとっての水平の需要曲線dd(完全競争市場では価格p_eに等しい)と限界費用曲線MCとの交点Aにおいて、この企業の利潤最大化をもたらす均衡産出量q_eが決まる。利潤の大きさはp_eABCの面積で示される。

図 1

た。

杉本：「うむ。経太君のように優秀な1年生ばかりなら教員は楽だけれど、実際は、初学者には図を使って説明するね。私も実を言えば、数式のほうが明快にわかるけれども、大学教授はいろいろなレベルの学生を相手にしないといけないから、そうもいかない。図1と図2をみてもらおうか。」

杉本先生は、まず、図1を使って、完全競争市場の場合の利潤最大化を次のように説明した。完全競争市場では、消費者や企業が多数あるので、個々の企業は市場で決まる価格に支配力を及ぼすことはできず、(a)で示されるように、ただ市場全体の需要曲線DDと供給曲線SSの交点Eで決まっ

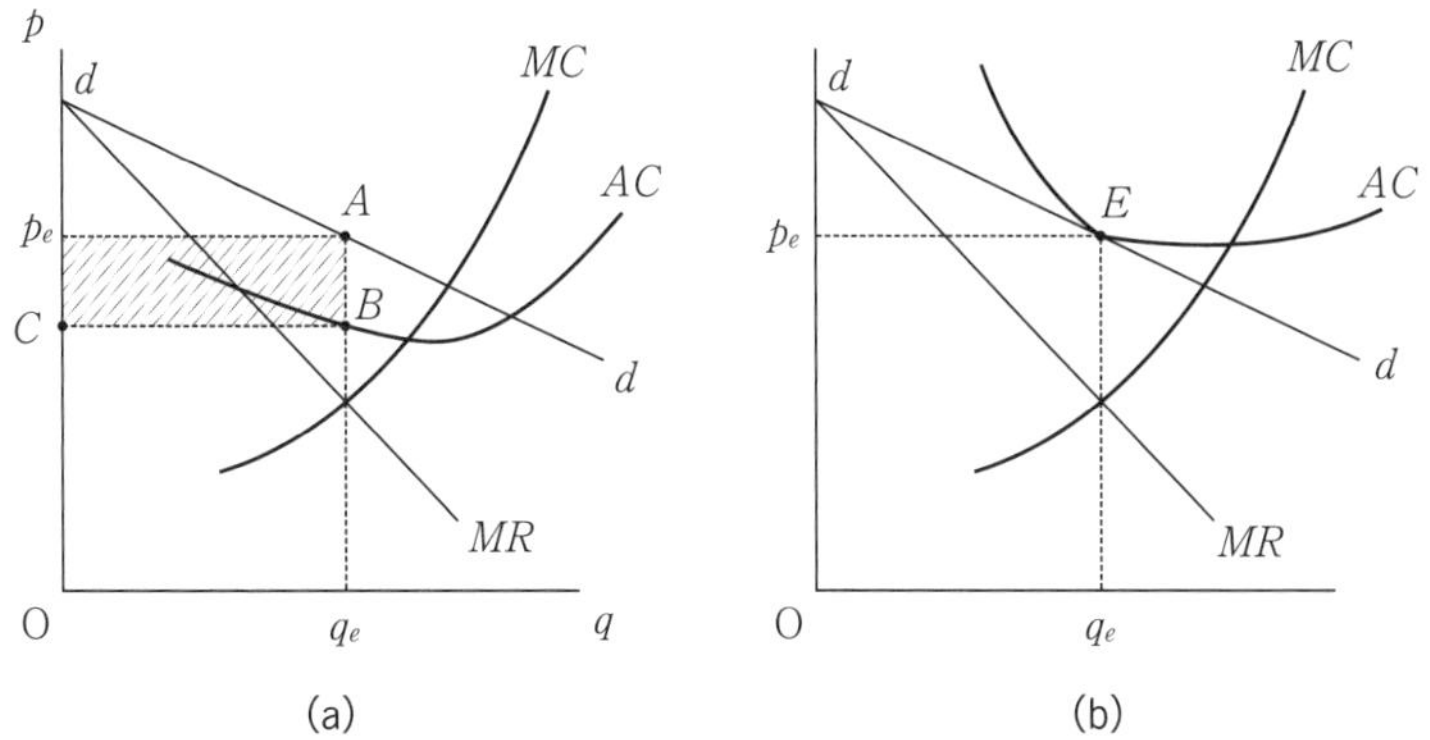

不完全競争市場では、個別需要曲線ddは右下がり。利潤最大化の条件は$MR=MC$なので、利潤は(a)ではp_eABCの面積で示される。しかし、利潤がある限り、新規企業が自由に参入してくるので、完全均衡は(b)の点Eで示される。

図 2

た価格p_eを受け容れるしかない（「価格受容者」としての企業）。価格がp_eに決まると、個々の企業は、それを与えられたものとして（個々の企業にとっての需要曲線はddのように水平となる）、限界費用曲線MCとの交点Aに産出量を決める（q_e）ことによって利潤を最大化する。この場合、価格p_eと平均費用ACのあいだにはABの開きがあるので、Ap_eCBの面積の大きさに当たるだけの超過利潤が生じていることに注意しよう。

経太君は、以上を微分を使って簡単に導き出した（表1の左側）。総収入Rから総費用Cを引いたものが利潤πだから、$\pi = R - C = pq - C(q)$とおいて、産出量qに関して微分したわけだ。そうすれば、簡単に$p = dC/dq = MC$、すなわち、価格＝限界費用という完全競争市場における企業の利潤最大化条件が導かれる。

ところが、不完全競争市場では、図2の(a)のように、個別需要曲線ddは水平ではなく右下がりなので、限界収入曲線MRも右下がりとなる（完全競争市場では、限界収入は価格に等しかった）。不完全競争市場での利潤最大化条件は$MR=MC$なので、産出量はq_e、価格はp_eに決まる。この場合、価格は平均費用よりも高いので、Ap_eCBの面積の大きさに当たるだけでの超過利潤が生まれる。だが、超過利潤がある限り新規企業が参入してくるので、この状態はまだ「完全均衡」ではない。それは、図2(b)に示される。すなわち、完全均衡の条件は、$MR=MC$、および$p=AC$が成り立つことである。(b)の点Eがまさにそれに当たる。点Eでは、個別需要曲線ddの勾配と、平均費用曲線ACの勾配が等しくなっていることがわかるだろう。

経太君は、これも数式で楽々と導き出してしまった。利潤πが総収入Rから総費用Cを引いたものであることは前と同じだが、価格pは不完全競争市場では所与ではないので、利潤最大化条件は、$MR=MC$と表せる（完全競争市場では、MRはpに等しい）。限界収入MRと限界費用MCの数式は、表1の右側にある通りだ。$MR=MC$にさらに$p=a$（価格イコール平均費用）の条件が加わると、$dp/dq=da/dq$となる。この式は、個別需要曲線の勾配と平均費用曲線の勾配が等しくなることを意味しているが、先に示したように、図2(b)の点Eがそれに当たっている。

杉本：「私は経太君が数式でさらっと導き出したことを図示しただけだけれども、この辺は初学者がつまずきやすいので、詳しくは教科書をよく読んでおいてほしい。」

経太：「わかりました。」

杉本：「ところで、経太君は、不完全競争理論が、もともと、有名なケインズが尽力してイタリアからケンブリッジ大学に招聘してきたピエロ・スラッファという天才経済学者の問題提起から始まったことを知っているかな？」

経太：「いいえ、知りませんでした。ミクロ経済学の教科書には出てこなかったように思います。」

杉本：「いまの教科書はそうだろうね。理論が出てきた背景を説明しないのは、最近のよくない傾向だ。スラッファは、「競争的条件の下での収穫の法則」（『エコノミック・ジャーナル』誌、１９２６年12月）と題する論文のなかで、マーシャル経済学の曖昧さを鋭く指摘し、完全競争理論とは区別された不完全競争理論の方向性を示唆したんだね。あくまで「示唆」しただけで、彼自身が不完全競争理論の提唱者になるつもりはなかった。それで、ケインズの弟子たちやその他の経済学者たちが急いでこの分野に参入して、不完全競争理論のモデル化に取り組んだ。しかし、一番有名なのは、ジョーン・ロビンソンという女性経済学者の『不完全競争の経済学』(1933年)と、物理学から経済学に転じた俊英リチャード・カーンの「短期の経済学」(1929年12月、ケンブリッジ大学キングズ・カレッジに提出されたフェローシップ申請論文)だ。二人ともケインズの愛弟子だというのが面白い。」

経太:「そんな話は、誰も教えてくれませんでした。」

杉本:「ジョーン・ロビンソンは数学が苦手だったので、基本的に、図を使って不完全競争の場合の利潤最大化条件 $MR=MC$ や、「完全均衡」の条件($MR=MC$、および $p=AC$ が成り立つこと)を説明している。先ほど私がやったのと同じだ。しかし、カーンは、経太君と同じように、数学を用いて明快に理論を提示している。さすがは物理学出身だね。しかし、どちらが優れているかというような問題ではなく、完全競争と不完全競争の違いを論理的に明示化した点が重要だ。経太君のように数学ができる学生は、できない学生を見下す傾向があるので、ちょっと注意しておくよ。余計なことかもしれないが。」

経太：「いえ、そういうつもりはありません。ただ、難しい数学ではないので、そのほうが明快かなと思っただけなのですが……。」

杉本：「ところで、いまの教科書には書いてないし、私が学生の頃も一部の本にしか出てこなかったのだけれども、完全均衡の条件は「カーンの定理」と呼ぶこともある。外国の文献には調べた限りでは出てこない。どうもこれは、京都大学教授をつとめた経済学者で社会学者でもあった青山秀夫さんが、自身の著書『独占の経済理論』（日本評論社、１９３７年）のなかで命名したもののようだ。なかなかよい響きがしてよいのだけれども、残念ながら、いまの教科書には出てこない。」

経太：「そうなのですか。ケインズの周辺には優秀な才能が集まっていたんですね。」

杉本：「その意味でも、ケインズは真の天才だ。」

経太は、オンライン講義を聴きながら、ずいぶん経済学のモデルを学んできたように思ったが、どの教員も、杉本先生のように理論が出てきた背景をほとんど教えてくれなかったことに改めて気づいた。さすがに杉本先生は博学だ。

杉本：「経太君、ここまでくれば、簡単に理解できるモデルがあるので紹介しよう。それは、寡占価格の硬直性を説明するものだけれども、それを考案したのが、のちにマルクス経済学者として著名になるポール・M・スウィージーだというところが面白い。」

経太：「マルクス経済学者がミクロ経済学も研究したということですか!?」

杉本：「いやいや。スウィージーは、ハーヴァード大学やLSEで経済学を学んだけれども、当初からマルクス主義者だったわけではなく、次第にマルクス経済学者へと変貌していったと言ったほうがよい。寡占価格の硬直性を説明するモデルは、彼の思想形成においては、いわば「過渡期」の著作だ。ハーヴァードでは、ケインズと並ぶ20世紀経済学の天才、ヨゼフ・A・シュンペーターの助手をつとめた。シュンペーターはマルクス主義にも造詣《ぞうけい》が深かったので、スウィージーも彼とは馬が合ったらしい。1930年代のハーヴァードには、サムエルソンや都留重人など後に大物になる若手研究者がたくさんいたので、スウィージーもそんな黄金時代を担った一人ということになる。残念ながら、マルクス主義者になったことは、後に大学を追われる遠因になったのだけれども。」

経太：「そんな話があったのですか。」

杉本：「寄り道をしてしまった。図3を見てくれるかな。いま、ある寡占企業が点Eに対応する価格p_eでq_eの産出量を生産しており、他の寡占企業もそれに従っているとしよう。そのとき、スウィージーは、点Eで需要曲線が屈折するというモデルを考案した（「寡占の状況の下での需要」『ジャーナル・オブ・ポリティカル・エコノミー』誌、1939年8月号）。これを「屈折需要曲線」という。なぜ需要曲線が点Eで屈折するのか？

　当該の寡占企業が価格をp_e以下に下げようとすると、他の寡占企業はマーケット・シェア（市場占有率）を奪われたくないので、同じように価格を引き下げようとするだろう。

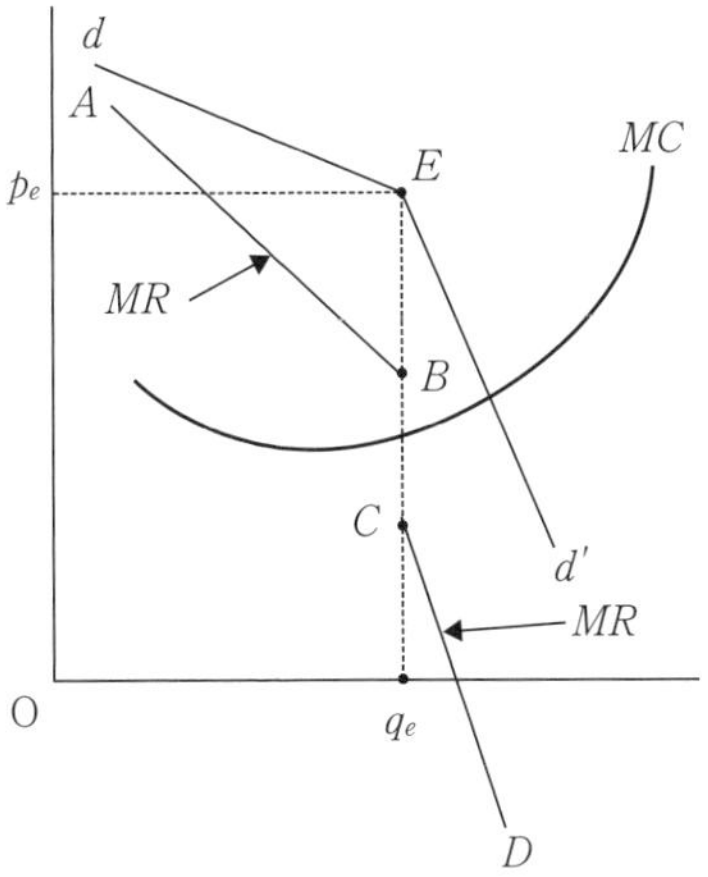

スウィージーが考案した屈折需要曲線dEd'

MRがAB、CDと不連続となる。

MCが点Bと点Cの間を通る限り、現行のp_eとq_eを変更する誘因は存在しない。

図 3

だから、当該の寡占企業はp_e以下に価格を下げても期待したほどの需要増を実現することができない。ということは、p_e以下の価格では、需要曲線の勾配はかなり大きくなる（同じことだが、価格に関して非弾力的な需要曲線になる）。

逆に、当該の寡占企業が価格をp_e以上に引き上げようとすると、他の寡占企業にとっては、それに追随せず、価格を据え置いたほうがマーケット・シェアを高めるよい機会になる。だから、当該の寡占企業にとっては、p_e以上に価格を引き上げた場合、需要がかなり減少することになる。つまり、p_e以上の価格では、需要曲線の勾配はかなり小さくなる（同じことだが、価格に関して弾力的な需要曲線になる）。

こうして、需要曲線が点Eで屈折すると、MRは、dEに対応するABと、Ed'に対応するCDというように非連続的になる。この場合、MCがBC間を通る限り、当該の寡占企業は現行の価格p_eを変更する誘因をもたないだろう。

スウィージーは、このように、寡占価格が硬直的になりやすい理由を解明したわけだ。」

経太：「なるほど。しかし、先生、そもそもの価格p_eはどのようにして決まったのですか？」

杉本：「相変わらずいいところを突いてくるね。実は、それはスウィージーの理論ではわからないので、そもそもの価格決定に関しては、オンライン講義で習ったかもしれないけれども、寡占状態では例えばフルコスト原理のように決まっているなどの理論で補わなければならない。それにもかかわらず、寡占価格の硬直性をモデル化した試みとして教科書にも残っている優れた仕事だと思うね。皮肉にも、現在、経済学部で学ぶ学生たちは、マルクス経済学者としてのスウィージーの仕事は何も知らないけれども、屈折需要曲線だけは知っていることになる。」

経太：「面白いですね。スウィージーにとって、それでよかったのかどうか、わかりませんが。」

杉本：「今日のところは、この辺でお開きにしようか。」

経太：「ありがとうございました。」

帰りの道すがら、経太は、大学のオンライン講義で学んだと思っていた経済学の基礎理論が、本当のところは、何もわかっていなかったような気がして少し暗い気持になったが、杉本先生がいるおかげで、数式の展開だけではわからない、理論の背景や裏話などを直に知ることができて本当に幸せだと思った。そういえば、スミスを勉強していたときは、経済学が「モラル・

サイエンス」だという実感があったが、いつの間にか、すぐに数学で片付けるような自然科学的思考法が身についてしまったかのようで、反省するところが多かった。次は、もう一度、スミスについての話を聴かせてほしいとお願いしてみよう。

第4章

スミスはなぜ誤解されるのか

経太は、杉本先生に日頃のご指導のお礼を伝えるためにお手紙を出すことにした。電子メールでもよかったが、感謝の意を伝えるには手書きの文章に勝るものはないと誰かが言っていたので、そうしてみることにした。

＊　＊　＊

杉本先生

いつも長い時間を割いて、私のために経済学のいろいろなお話を聴かせて下さいまして、感謝に堪えません。経済学部に進学はしてみたものの、新型コロナウィルス感染症のパンデミックにより全学がオンライン授業になったときはどうしようかと思いましたが、栄一君を後輩にもったおかげで先生と知り合うことができて、その上、いつも教科書では学べない貴重な話をうかがう機会に恵まれました。

割と数学が好きだったので、オンライン授業で習うミクロ経済学やマクロ経済学は、数理モデルの話だけなら自分でもそう苦労せずに理解することができたのですが、先日、その理論が出てきた背景を全く知らないことに気づいて、愕然としました。そういえば、高校生のとき、先生がケネーからケインズまでの経済学の巨人たちの話をして下さったとき、先生がいつも理論や思想の背景を伝えるために努力しておられたことが全く身になっておらず、恥ずかしい思いでいっぱいです。

経済学が「モラル・サイエンス」であることもすっかり忘れて、数学のモデルをいじくっていました。スミスの道徳哲学の話を聴いたときの驚きと感動をもう一度思い出すために、次回は、大学生向けにスミスの話をお聴かせ願えませんでしょうか。勝手なお願いであることは承知しておりますが。またお目にかかったとき、ご相談します。

経太

＊　＊　＊

杉本先生のお宅に着いたら、珍しく先生が迎えて下さった。

杉本：「お手紙ありがとう。何かと思えば、スミスのことなんだね。あとでゆっくり話そうか。しかし、経太君が数学が好きなのは決して悪いことではない。きっと中級や上級の経済理論（ミクロやマクロ）を学ぶときに役立つはずだから。ただ、経太君にはスケールの大きい教養人になってほしいから、スミスをもっと知っておくのもいいだろうと思う。」

I WRITE this book to disembarrass my soul of certain notions that have hovered about in it too long for my comfort. I do not seek to persuade anybody. I am devoid of the pedagogic instinct and when I know a thing never feel in myself the desire to impart it to others. I do not much care if people agree with me. Of course I think I am right, otherwise I should not think as I do, and they are wrong, but it does not offend me that they should be wrong. Nor does it greatly disturb me to discover that my judgment is at variance with that of the majority. I have a certain confidence in my instinct.

経太：「あとでよろしくお願いします。」

＊　＊　＊

栄一君は、モームがさらに気に入ったと見えて、いくつかの英文をどんどん抜き出して、経太を質問攻めにした。モームは、決して奇をてらった英文を書く人ではないと思ったからこそ、訓練の教材に選んだわけだが、この選択は外れていなかったようだ。

栄一：「先輩、上の英文はどう訳しますか？　単語は難しくないけども、いまいち訳しにくいです[1]。」

経太：「そうだね。最初の英文は、「私が本書を書くのは、あまりに長い間、心につきまとってきた幾つかの考えから、みずからを解放して安堵感を得るためである」くらいの意味だ。まだ硬いかもしれない。英文法通り、「……するために本書を書くのである」でも、もちろん、間違いではない。次が意外に難しいのかな？」

栄一：「when I know a thing と never feel はつながっている?」

経太：「英語は主語があるのが原則だけれども、作家が物を書く場合、その人の癖によって前後関係から主語が明確な場合は省略することもある。never feel の前には I が省略されているんだよ。「私には教師ぶった本能がないので、あることを知っても、それを他人に知らせようという気には決してならない」ということだね。」

栄一：「なんだ。そういうことか。」

経太：「英文を読んだ量が増えていけば、前後関係から、主語が省略されていることはすぐにわかるようになるから心配は要らないよ。」

モームの英文は、無駄な修飾がなく、引き締まっている。もう少し「流暢に」書くこともできるはずだが、それでも経太は気に入っている。栄一君も、そのうち理解するだろう。

（注1） W. Somerset Maugham, *The Summing Up*, pp.7-8.

訳者は相変わらず巧いので、以下に掲げておく。

「本書を書く目的の一つは、長いあいだ心に取り憑いて落ち着けなくなっていたいくつかの思いから、自分を解放することである。ひとを説得しようなどとは思わない。ひとを教育しようなどという本能は私には欠けているので、何かを知っているとき、それをひとに教えてやりたいという願望を覚えたことはない。ひとが自分の見解に同意するかどうか、それもたいして気にならない。むろん、自分としては自分が正しく、ひとは間違っていると思う。正しいと思わなければ、そう思わないに決まっている。ただ、ひとが間違っていても私は腹を立てない。また、自分の判断が大多数の人と違っていても、それほど気にならない。自分なりに自信があるのだ。」(モーム『サミング・アップ』行方昭夫訳、岩波文庫、2007年、18－19頁)

＊＊＊

杉本先生には事前にスミスの話をうかがいたいとお手紙のなかでお願いしておいたので、先生もスミスの著作をいくつか机の上に置いていたが、それらを読むというよりは、どう話そうかと思案しているような感じだった。

杉本：「経太君、授業を受けながら悩むことがあったら、やはり基本に帰るのが一番だ。スミス研究者になるつもりはないだろうから、全部読む必要はない。『道徳感情論』と『国富論』が基本書だ。」

経太：「高校生のとき、先生にスミスの入門講義を受けたので、一応の基礎はわかっているつもりだったのですが、オンライン講義でミクロ経済学を習ったとき、例えば、「厚生経済学の基本定理」は、人々の「福祉」(welfare)や「幸福」(happiness)となんの関係があるのか、ちょっと疑問を感じてしまいました。」

杉本：「やはり経太君の悩みはハイレベルなものだったか。誤解しないようにあらかじめ言っておくと、厚生経済学の基本定理のような標準的なミクロ経済学の基礎概念は、ちゃんと教科書を読んで習得しなければならない。たとえ将来それに批判的な立場をとることになったとしても、だ。その上で、せっかくスミスの道徳哲学(経太君は「モラル・サイエンス」と言っていたね)を思い出したんだから、しばらく教科書を離れて、スミス自身が書いた『道徳感情論』を拾い読みでもよいからざっと見てみることをすすめるね。」

経太は深刻そうな顔で聴いていたに違いない。杉本先生はそれに気づいたのか、自分の経験談を話し始めた。

杉本：「学生の頃、私は現代経済学は数学的には洗練されているけれども、思想や哲学面は意外に貧弱だと思って、思想や哲学の本を読み漁ったことがある。けれども、思想や哲学も小難しい用語ばかりが踊っていて、あまりしっくりこなかった。もちろん、ヴィトゲンシュタインや分析哲学などを学んだことはどこかでプラスにはなっているとは思うけれども、自分の身にはなっていないはずで、いわばアクセサリーのようなものだ。しかし、スミスの『道徳感情論』のなかには、自分でもわかるような身近な例えがたくさん引いてあって、イギリス（スミスはスコットランド出身だけれども）の道徳哲学はいわば地に足がついていると思ったものだ。」

杉本先生は、スミスの『道徳感情論』を頁をめくりながら、続けてこう語った。

杉本：「経太君がうちへ来始めた頃、アメリカで経済格差への不満が高まり、ウォール街占拠運動があった話をしたのを覚えているかな？　あのとき、運動家たちは、「持たざる者」と「持てる者」との格差を「99％vs.1％」と表現していたけれども、マーシャルにせよ彼の愛弟子のアーサー・ピグーにせよ、近代経済学の大物たちは、国民のあいだにそんな経済格差があることを健全とは思っていなかった。ピグーは、大著『厚生経済学』――原題は *The Economics of Welfare* だから平たくいえば「福祉の経済学」ということだ――のなかで、「他の事情にして変わらなければ」、国民所得の「増大」「分配の平等」「安定」が「経済的厚生」を増大させるという有名な三命題を提示した。もちろん、経済的厚生は「厚生」あるいは「福祉」のなかで経済的側面だけを取り上げたものに過ぎないけれども、「経済学者」としてはそれを主題にするほかない。

ピグーの厚生経済学は、いまでは「古い」という形容詞が付くようになっているのだけれども、それを含めたケンブリッジ学派の経済的厚生についての見方は、その思想的源泉がやはりスミスにあるような気がするね。マーシャルは、スミス以来の古典派経済学の正統を受け継ぐという意図をもって、古典派にはない限界分析を補って「新古典派経済学」を体系化したけれども、自分がいわばスミスの血筋を引いていることを誇りにしていた。スミスも、一握りの上流階級だけが金持ちになるのではなく、中産階級の人々の暮らし向きが向上していくことを是としていたと思う。」

杉本先生は、「素朴な内容に思えるかもしれないが」と言いながら、スミスの『道徳感情論』から次の一節を紹介してくれた。

「健康で借金がなく、心に何らやましいこともない人の幸福には、それ以上何を付け加えられるだろうか。このような状況にある人にとって、幸福の足し前はすべてよけいだと言って差し支えあるまい。もし幸福の上乗せに浮かれ騒ぐなら、浅慮の極みと言わざるを得ない。とはいえ、これが人間のありのままの姿だというのがほんとうのところである。世の中には悲惨と腐敗がはびこっており、嘆き悲しむのが当然であるにもかかわらず、現実には大多数の人が幸福の足し前に浮かれている。だから、仲間が付け足しの幸運に感じる喜びに合わせて、苦もなく自分もはしゃぐことができる。」（アダム・スミス『道徳感情論』村井章子・北川知子訳、日経BPクラシックス、2014年、138頁）

杉本：「スミスは、市民社会のふつうの人にとっての「幸福」というものは、「健康」「借金なし」「心にやましいことなし」というように、それほど贅沢なものではないということ、いわば「中庸」の大切さを指摘している。しかし、その「中庸」を守るのが難しいことも同時に言い添えているね。このような考え方は、中流階級以下の人々のあいだでは、「徳への道」と「富への道」は両立するけれども、上流階級では難しいという指摘とも軌を一にしている。ちょっと長くなるけれども、もう少し『道徳感情論』から引用してみよう。」

「生活の程度が中流から下流の場合には、徳への道と富への道、すくなくともその階級が妥当に期待できる富への道は、さいわいにもほとんどの場合にほぼ一致している。中流から下流の人々の職業では、堅実な職業的能力を備えていることに加えて、注意深く、不正を犯さず、しっかりと慎み深くふるまうことが成功の鍵であり、これらが備わっていればまず失敗することはない。ときに、行動がいささか疑わしくても能力だけで成功することもなくはないが、不注意、不正、不道徳、不品行が重なれば、いかにすぐれた能力といえども評価されなくなり、悪くすれば何の価値もなくなってしまうだろう。それに中流から下流の人々が、法を無視してよいほど出世することはあり得ない。だからこの人たちは、少なくとも正義というさらに重要な規範には、ある種の敬意を払わざるを得ない立場にある。またこの人たちの成功は、まずまちがいなく隣人や同僚の好意や評判に左右される。そして、つねに忍耐強く規則や規範を守って行動しない限り、そうした好意や評判は得られない。このような境遇では、「正義は最善の処世術である」という古い諺がぴたりと当てはまると言えよう。したがって中流から下流の境遇では、徳は一般にかなり高いと期待できる。そして公序良俗にとって幸いなことに、大部分の人がこうした境遇に置かれている。」（アダム・スミス『道徳感情論』、前掲、169－170頁）

「階級が上になると、残念ながら必ずしもそうとは言えない。王族の宮廷や貴人の拝謁の間では、事情に通じた聡明な同僚による評価ではなく、無知で高慢な王族や貴族の気まぐれやえこひいきが出世を左右する。大方の場合にものを言うのは、功績や能力より追従や甘言なのである。このような社会では、役に立つことよりいい気分にさせる能力の方が重んじられる。戦乱の遠のいた平和でおだやかな時代には、王族も貴族もひたすら歓楽を求め、もう誰の挺身《ていしん》も必要あるまいとか、自分を楽しませてくれる連中を仕えさせておけば十分だなどと考える。そして、武人や政治家や哲学者や法律家の雄々しく立派な徳よりも、社交界の寵児ともてはやされるあつかましい馬鹿者のうわべだけの上品さやお粗末な素人芸の方が、人々にほめそやされる。腐敗した社会でのし上がるのは、この手の身の程知らずのおべっか使いと相場が決まっており、彼らは偉大で厳粛な徳、議会や戦場にふさわしい徳をすべて軽蔑し、嘲笑する。」（アダム・スミス『道徳感情論』、前掲、170頁）

杉本：「もちろん、スミスは、本当の意味での統治者に必要な「上級の思慮」についてもちゃんと語っているので、万事庶民の味方と言い切るのは単純に過ぎるけれども、『国富論』のなかでも、スミスが随所で労働者には比較的寛大で、商人や製造業者には厳しい態度をとっていることがあまりよく知られていないと思う。経太君も読んだから知っているとは思うけれども、これも引用しておこう。」

「わが商人たちや製造業者たちは、高い賃金が価格を引き上げる点で悪効果をもたらし、そのために自分たちの財貨の売行きが国の内外で減ってくる、と不平を鳴らしているが、しかしかれらは、高い利潤の悪効果については、黙して語らないのである。かれらは、自分たちの利得の有害な効果については沈黙を守り、他人の利得についてだけ不平をいうのである。」（アダム

ム・スミス『国富論』Ⅰ、大河内一男監訳、中公文庫、1978年、164頁）

「市場を拡大しかつ競争を制限することは、つねに商人たちの利益である。市場を拡大することは、公共社会の利益と十分に一致することがしばしばあるが、競争を制限することは、つねに公共社会の利益に反するにちがいないし、またそれは、商人たちが、自然の率以上に利潤を引き上げることによって、自分たちの利益のために、他の同胞市民から不合理な税を取り立てるのに役立つだけである。商業上のなにか新しい法律か規制について、この階級から出てくる提案は、つねに大いに警戒して聞くべきである。また、その提案を採用するにあたっては、最も周到な注意ばかりか、最も疑いぶかい注意をもはらって、長く念入りに検討しなければならない。こうした提案は、その利害が公共社会の利害とけっして正確には一致しない人々、しかも一般に公共社会をあざむき、抑圧さえすることを利益としている人々、したがって、これまで多くの場合に社会をあざむきもし抑圧もしてきた人々、そのような階級から出てくるものなのである。」（アダム・スミス『国富論』Ⅰ、前掲、406頁）

杉本：「マーシャルやピグーは、一部の富裕な人たちだけではなく、一国内のごくふつうの人々の暮らし向きが向上することを願っていたと思う。ピグーが国民所得の「増大」ばかりでなく、「分配の平等」や「国民所得の安定」をも重要だと考えたのもそのためだ。そ

旧厚生経済学	新厚生経済学
効用の個人間比較　○ 限界効用逓減の法則の拡張 豊かな人々の所得の限界効用は、貧しい人々の所得の限界効用よりも小さい →所得再分配政策は正当化される	効用の個人間比較　× 価値判断の排除 「である」を含む命題と「べき」を含む命題は峻別すべき ロビンズ、ヒックスなどLSEの若手経済学者たちが主導者

表 2

れゆえ、のちに、「新」厚生経済学を標榜する人たちから標的の的になった、「効用の個人間比較」にまであえて踏み込んでいったのではないか。」

それから、杉本先生は、ホワイトボードに向かった（表2を参照）。杉本先生は、おおよそ、次のように旧厚生経済学（マーシャルやピグー）と新厚生経済学（1930年代のLSEで活躍したライオネル・ロビンズ、J・R・ヒックスなど）を対照させた[2]。

──「効用の個人間比較」ができるということは、例えば、それを基礎に限界効用逓減の法則を拡張する方向へ道を開く。ある人が実質所得をより多く持てば持つほど（換言すれば、豊かになればなるほど）、その追加単位をより低く評価するということだから（逆に言えば、貧しくなればなるほど、その追加単位をより高く評価するということ）、豊かな人たちから貧しい人たちへの所得移転が経済学的にも正当化されることになる。「累進所得税」の論拠も、マーシャルやピグーの時代は、ここにあると考えられていた。

ところが、ＬＳＥのロビンズがこのような思考法に異を唱えた。「効用の個人間比較」は、違う人間の効用が比較できるという想定の上に立っているが、それは「科学」とは別の次元の「価値判断」を含んでいる。私たちに言えるのはただ、例えばＡとＢという人間がいろいろな財をどのような順序で選好するかということであり、その効用をＡとＢで相互に比較するということではない。ロビンズは、こうして、限界効用逓減の法則を安易に拡張し、所得再分配政策を正当化する人々（すなわち、ケンブリッジ学派の人々）を痛烈に批判した。「である」を含む命題と「べき」を含む命題は、峻別されなければならない、と。ロビンズの問題提起を受けて、ＬＳＥに当時在籍していたヒックスやニコラス・カルドアなどが「新厚生経済学」の定式化へと向かって行った（ヒックスもカルドアも、後期では少々違う立場をとるようになったけれども）。現代ミクロ経済学の基礎はその時代に多く築かれているが、ロビンズの批判以後、経済学者の関心は、「所得分配の問題を措《お》いて」、資源配分の効率性（「パレート最適」という言葉が頻出する）に集中するようになった。もっとも、「パレート最適」（少なくとも一人の経済主体の経済状態を悪化させる（worse off）ことなしには、他の経済主体の経済状態を改善する（better off）ことができない状態の意味）という概念が独り歩きし過ぎた弊害もあり、現在では、それを批判する人たちもいるけれども、まだ初級の段階では、以上の知識があれば十分

（注2）　根井雅弘『定本　現代イギリス経済学の群像―正統から異端へ』（白水社、２０１９年）第4章参照。

だろう。

経太：「先生の話を聴いていると、確かに、マーシャルやピグーはアダム・スミスの正統な後継者のように思えます。私の旧厚生経済学のイメージは、社会のすべての人々の効用の総和を最大化するというベンサム流の功利主義の経済学バージョンというものでしたが、スミス以来の経済学の伝統を継承するという側面も劣らず重要だということがわかりました。」

杉本：「もちろん、ジェレミ・ベンサムの功利主義は旧厚生経済学にもつながっていると思うけれども、ここでは、経太君のいう「モラル・サイエンス」としての経済学の伝統は、スミスからJ・S・ミルを経てマーシャルやピグー、さらにはケインズにまで受け継がれていることを強調しておきたい。ケインズについては、いずれまた詳しく話す機会もあるだろう。」

経太：「ロビンズが「効用の個人間比較」を「価値判断」を含むから科学ではないと批判したとき、ケンブリッジ周辺にいた人たちはどのように反応したのでしょうか？」

杉本：「もちろん、ピグーも後に彼の後継者となるデニス・H・ロバートソンも、理論の根幹にかかわることだからロビンズの批判には納得しなかったと思うよ。しかし、オックスフォード大学出身だけれどもケインズの愛弟子になったロイ・F・ハロッド（経済成長理論の開拓者として有名だ）の反論がわかりやすいので、それを紹介しよう[3]。

ハロッドは、次のように反論した。――限界効用逓減の法則は、人間の「経験」に基づくものである。その経験も、「人間の自覚的生存の最も初期の段階にまで遡るような経験」だ。経済学はつねに事実観察や経験を重視する学問であり、演繹法が行き過ぎると現実との接点を失ってしまう。もし効用の個人間比較が不可能ということになれば、マーシャルやピグーの政策提言のみならず、すべての政策提言が「科学」ではないとして排除されてしまうので、経済学の「実践性」が消滅する。経済学は、ロビンズの主張と違って、自然科学のような「精密科学」ではなく、アリストテレスのいうように、それぞれの専門分野の性質が許す程度の厳密性を得ることでよしとしなければならない、と。

経太：「なるほど。」

（注3） R.F. Harrod, "Scope and Method of Economics," *Economic Journal*, September 1938.

杉本：「政策提言は必ず「価値判断」を含むというのはその通りだね。しかし、その先は、まだいろいろ問題があるので、少し古いけれども、熊谷尚夫《くまがいひさお》さんの往年の名著『厚生経済学の基礎理論〔増補版〕』（東洋経済新報社、1957年）を推奨しよう。ロビンズの問題提起以後、厚生経済学がどのように変化したか、いまの教科書には出てこない事柄がたくさん紹介してある。熊谷さんは、厚生経済学や経済政策論の分野では大家で、私たちの時代には、『経済政策原理―混合経済の理論』（岩波書店、1964年）が必読書だったね。古い話だけれども。」

経太：「いいえ、参考になります。先生のお話で、理論の歴史的背景にもようやく関心が沸いてきました。熊谷先生は、ヒックスの『価値と資本』の訳者の一人でしたね。ご専門は厚生経済学だったのですか。知りませんでした。」

杉本：「熊谷さんは、経済体制論や思想史などなんでもよく知っている人だったね。初学者向けに書いた『現代経済学入門』（日本評論社、1960年）や『新訂　近代経済学』（日本評論社、1972年）もよい本だった。ときにマルクス経済学への対抗心が垣間見えるのは、時代を感じさせるものだけれども、参考文献の挙げ方は模範的だった。」

経太は、そういえば、一時「近代経済学」(一昔前、非マルクス経済学の総称として使われていた)と拮抗するか凌駕するほど勢力の強かったマルクス経済学の教員が今ではほとんど全く見当たらないことに気づいた。マルクスどころか、今日お話を聴いたスミスに始まる古典派経済学に詳しい教員もあまりいないようだ。現代経済学は過去の理論や思想の「自然淘汰」の末に生き残り、発展してきた学問だということだろうか。経太の様子を察したのか、杉本先生から声がかかった。

杉本：「経太君、スミスは、現代経済学にとっても決して「過去の人」ではない。もっとも、「見えざる手」＝「価格メカニズム」のように読んでしまったら、教科書と同じだけれども、スミスの価値論のなかには、のちに別のルートで発展していく理論の萌芽《ほうが》が見られる。これは、現代では「異端派」に分類されるけれども、ポスト・ケインズ派の一部とも重なっている。」

経太：「どういうことでしょうか?」

杉本：「それはスミスの価値論がよい題材になる。スミスが、価値論のところで、「自然価格」と「市場価格」を区別したのを覚えているね? スミスはどちらが「中心価格」だと言っていたかな?」

経太:「自然価格のほうです。」

杉本:「そうだったね。市場価格は、その時々の需給状況によってつねに変動する。例えば、流行が変化し、毛織物よりも絹織物に対する需要が増大すれば、絹織物の市場価格が自然価格以上に上昇する。絹織物の生産部門では平均以上の利潤率が稼げるわけだから、資本家は毛織物の生産部門から資本を引き上げ、絹織物の生産部門にその資本を投じようとするだろう。そのような資本の「可動性」が古典派の「競争」だ。しかし、やがて絹織物の供給が増加し、その市場価格も自然価格に向かって下落していく。自然価格は、スミスは、賃金の平均率+利潤の平均率+地代の平均率、と定義していたけれども、のちにリカードがより明確にしたように、資本に対する均等利潤率が成立したときの価格と言ってよい。商品の「中心価格」が、一時的な要因に左右される市場価格ではなく、究極的に、競争過程が行き着いた先に成立する自然価格だという思考法は、スラッファや一部のポスト・ケインズ派が古典派の「長期」の方法として再評価し、それを彫琢《ちょうたく》するようになった。経太君、おおよそ、いま話した流れは理解できたかな?」

経太：「スラッファは、ケインズがイタリアから招聘するのに尽力した天才で、ケンブリッジに不完全競争論のアイデアを持ち込んだ人ではなかったのですか？」

杉本：「そうだ。しかし、ときに誤解されているけれども、スラッファは不完全競争のアイデアを「示唆」だけで、その展開に関与しようとは決してしなかったんだね。というのは、彼はまもなく、のちにライフワークとなる『商品による商品の生産』（1960年）にまとめられた、「古典派アプローチ」の再生に取り組むことになったからだ。古典派アプローチとは、まさに古典派の「長期」の方法を採用し、価格決定を「需要と供給」ではなく、生産側の投入産出構造（スラッファは単に「生産方法」と言っているけれども）によって決定される仕組みを考察するものだ。この本の内容は、決してやさしくないので、スタンダードなミクロ経済学やマクロ経済学を習得してからでも、時間があれば読んでみてほしい。」

経太：「一般均衡理論以外の価格理論があるということですか？　それはすぐにでも読みたいですが、アドバイス通りに、いまオンライン講義で習っているミクロ経済学やマクロ経済学の単位をとってからにします。」

杉本：「経太君なら「すぐにでも」というと思ったので、念のために言っておいただけだよ（笑）。一冊だけ優れた案内書を紹介しよう。スラッファのその本の訳者の一人、菱山泉《ひしやまいずみ》さんが書いた啓蒙書『ケネーからスラッファへ――忘れえぬ経済学者たち』（名古屋大学出版会、1990年）だ。」

経太：『菱山先生というのは、ケネーの『経済表』の数理モデルを提示した先生のことですか？ 懐かしいお名前です。スラッファ経済学の研究もしておられたのですね。それは楽しみです。」

杉本：「スミスだけの話にはならなかったけれども、今日はこの辺でお開きにしようか。」

経太：「いつもありがとうございます。」

経太は、杉本先生の話から、現代経済学の基礎概念ひとつをとっても、その背景にはいろいろな歴史的背景や思想の対立などがあることを知って、この学問もやはり奥が深いと痛感した。それにしても、杉本先生がいなければ、教科書だけで経済学がわかったような気分になるところだった。自戒しなければならない。

第5章

ケインズはなぜ人気があるのか

前期の授業や試験（すべてオンラインかレポートだったが）も終わり、夏休みに入った。緊急事態宣言が明けてからは、少しずつ大学の図書館や公共施設なども一部利用できるようになったが、夏休み中に再び新型コロナウィルス感染症の罹患者が増えてきたので、世間では第二波の到来か？　と騒がしくなった。まだ効果的な治療薬やワクチンが開発されていないので、今後も何度かの波が襲ってくるのを覚悟しなければならないだろう。

２０２０年は、有名な社会学者マックス・ウェーバー没後100年に当たっていると最近知ったが、ウェーバーは、今回の感染症とよく比較されている、100年ほど前のスペイン風邪が原因の肺炎で亡くなっていたのだった。経済史のオンライン講義の教員が、速水融『日本を襲ったスペイン・インフルエンザ―人類とウイルスの第一次世界戦争』（藤原書店、２００６年）が優れた研究だと推奨していたのを思い出した。

しかし、未知の感染症との闘いは少なくとも数年は続くだろうし、いまさらジタバタしても仕方がない。ようやく大きな書店も営業時間を短縮しつつも開いてきたので、久しぶりに行ってみることにした。ちょっと前はガラガラだったような気がするが、割と人は多いようだ。誰かが「本は必需品だ！」と言っていたが、経太も同感である。経済学のコーナーに、『リターン・トゥ・ケインズ』（東京大学出版会、２０１４年）という高価な専門書が置いてあった。

ケインズ経済学は、最初に杉本先生から初歩を教わったとき、「これぞ経済学だ！」と思ったが、マクロ経済学のオンライン講義では、「これがケインズ・モデル」という感じであっさりと終わったので、拍子抜けしてしまった。ケインズはもっとたくさんのことを言っていたのではなかったか？　今日は、杉本先生にもっとケインズの話を聴かせて下さいとお願いしてみよう。

＊　＊　＊

栄一君は、丹念に辞書を引いて、モームに取り組んでいるようだ。かつて自分もそうだったな。何事も一生懸命に没頭できる時間は貴重だと思う。

経太：「さて、今日はどの辺まで読めたかな？」

栄一：「モームは文体についていろいろ書いているのですが、作家も、自分独自の文体に到達するには苦労するようですね。モームが余計な装飾がついた文章を避けるようになった件が面白かった。例えば、次頁の網かけの英文[1]。しかし、下線部の訳がどうもうまくい

（注1）　W. Somerset Maugham, *The Summing Up*, pp.19-20.

The work I did was certainly very good for me. I began to write better; I did not write well. I wrote stiffly and self-consciously. I tried to get a pattern into my sentences, but did not see that the pattern was evident. I took care how I placed my words, but did not reflect that an order that was natural at the beginning of the eighteenth century was most unnatural at the beginning of ours. My attempt to write in the manner of Swift made it impossible for me to achieve the effect of inevitable rightness that was just what I so much admired in him. I then wrote a number of plays and ceased to occupy myself with anything but dialogue. It was not till five years had passed that I set out again to write a novel. By then I no longer had any ambition to be a stylist; I put aside all thought of fine writing. I wanted to write without any frills of language, in as bare and unaffected a manner as I could. I had so much to say that I could afford to waste no words. I wanted merely to set down the facts. I began with the impossible aim of using no adjectives at all. I thought that if you could find the exact term a qualifying epithet could be dispensed with. As I saw it in my mind's eye my book would have the appearance of an immensely long telegram in which for economy's sake you had left out every word that was not necessary to make the sense clear. I have not read it since I corrected the proofs and do not know how near I came to doing what I tried. My impression is that it is written at least more naturally than anything I had written before; but I am sure that it is often slipshod and I daresay there are in it a good many mistakes in grammar.

かない。」

経太：「前後関係は、ドライデンの文体、次にスウィフトの文体と学んできて、次第に装飾のない、電報のような文章を書くようになったというところだね。下線部をどう訳すべきか。まずは、直訳でもいいからやってみよう。」

栄一：「下線部以外は、なんとか訳せるのだけれども……。直訳でいいなら、「スウィフトのように書くという私の試みは、私がスウィフトのなかであれほど尊敬していた、不可避的な適切さの効果を達成することを不可能にした」となるけど、なんか変だ。」

経太：「構文はとれているので、問題は"inevitable rightness"だね。これは、その前に言葉をどのように並べるか、つまり語順のことを問題にしていることに気づけば、とたんにわかりやすくなる。力業？　で大胆に訳すと、こうなる。「私はスウィフトのように書こうとしたのだが、そのことでかえって、あるべき語順の適切さの効果を出すことができなくなった。そのような適切な語順こそ、まさに私がスウィフトにおいて大変に尊敬していたものだったのだが」と。どうかな？」

栄一：「日本語らしくなってきたなあ。」

経太：「これは試訳だから、あとで何か気づけばまた訂正すればいい。訳すときは、完璧主義になると前に進まなくなる。下手でも一度文章にしてみて、なぜふつうの日本語のように滑らかに読めないかを考えるのがいいよ。」

栄一：「わかりました。」

下線部は、行方昭夫氏の訳では、「スウィフトらしく書こうという試みの結果、却って、スウィフトで私が最も尊重している、最も適切な語を最も適切なところで用いるという効果を生み出すことが出来なかった」（『サミング・アップ』岩波文庫、2007年、39頁）となっている。達意の名訳である。

＊　＊　＊

杉本先生からケインズのお話をうかがうつもりだったので、経太は、ケインズの『雇用・利子および貨幣の一般理論』の原典と訳書を持参してきていた。訳書はすでに岩波文庫版（間宮陽介訳、上・下、2008年）をもっていたが、先生の蔵書には『ケインズ全集』版の訳書

（塩野谷祐一訳、東洋経済新報社、1983年）があったので、神保町の古本屋で調達してきた。神保町も春先は閑散としていたが、夏休みに入る頃から、少しずつ人も増えてきたようだ。だが、界隈は、かつてほど混雑はしていない。早く活況が戻ることを願いたい。

杉本：「今日は何の話をしようかな。」

経太：「リクエストがあります。もう少しケインズ経済学についてのお話をうかがいたいです。マクロ経済学のオンライン講義では、*IS*／*LM*や*AD*／*AS*（総需要／総供給）の枠組みを使ったケインズ・モデルは出てきたのですが、物足りませんでした。しかも、その教員が言うには、現代マクロ経済学を理解するのに、ケインズの『一般理論』を読む必要はないと。」

杉本：「若い教員なら『一般理論』の1頁も読んでいなくとも不思議ではないけれども、ものには言い方がありそうなものだね。経太君は結構ケインズがお好きなようだったから、話の取っ掛かりに、『一般理論』から次の文章を読んでもらおう。」

「もし大蔵省が古い壺に銀行券をつめ、それを廃炭鉱の適当な深さのところへ埋め、次に都会のごみで表面まで一杯にしておき、幾多の試練を経た自由放任の原理に基づいて民間企業にその銀行券を再び掘り出させる（もちろん、この権利は銀行券の埋められている地域の借地料の入札によって得られるものとする）ことにすれば、もはや失業の存在する必要はなくなるであろう。もちろん、住宅やそれに類するものを建てる方がいっそう賢明であろう。しかし、もしそうすることに政治的、実際的困難があるとすれば、上述のことはなにもしないよりはまさっているであろう。」（塩野谷祐一訳、128頁）

杉本：「この文章は、ケインズが「無駄の制度化」のような公共事業を説いていると解釈する人たちが好んで引用するけれども、経太君はどう思うかな？」

経太：「『一般理論』は、岩波文庫版の訳書をときに原典と照合しながら読みましたが、ケインズは一筋縄ではいかないなと思いました。レトリック、ウィット、皮肉――いずれも超一流で、真意を摑むにはよくよく考えるべきだと。その文章は、深刻な不況のとき、手をこまねいてなにも対策を講じない人たちに向けられた皮肉ではないでしょうか。」

杉本：「さすがは経太君だ。ケインズは、意外にも、ケンブリッジ学派のなかで「公共投資」を不況対策に挙げるのがピグーやロバートソンよりも遅かったのだけれども、それには訳があるから、あとの話にとっておこう。ところで、ケインズは、経済学のどの分野が専攻だったかな?」

経太:「金融や国際金融の分野だったと思います。」

杉本:「そうだね。ケインズが生涯を通じて金融論(国際金融を含む)のスペシャリストだったことは、記憶に留めておいてほしい。つまり、彼は「貨幣」というものが、経済体系にどのような影響を及ぼすのかに人一倍関心があったということだ。『一般理論』を支える柱の一つが流動性選好説だけれども(もう一つの柱は、国民所得決定理論だ)、ケインズは、『一般理論』の段階でも、利子率(もっというと、長期利子率)が完全雇用をもたらす投資を確保するには高過ぎるという認識をもっていた。金融政策が効かなくなる「流動性の罠」の状況は、経太君流にいえば、ケインズ一流のレトリックで、彼はまだまだ利子率は下げる余地があると考えていたと思う。利子率を下げるには、どうすればよいかな?」

経太:「中央銀行が、例えば国債や長期債券などを購入して、金融市場への貨幣の供給を増やせば、それと流動性選好との関係で決まる利子率は下がると思います。」

杉本：「その通りだ。ケインズは、『貨幣論』から『一般理論』に至るまで、あらゆる機会に低金利の必要性を説いていた。低金利に誘導するのは、もちろん、資本の限界効率との関係で決まる投資を増やすためだ（もっとも、低金利の効果は、資本の限界効率の動き次第では相殺されてしまうけれども）。投資の増大は短期的には乗数効果を通じて有効需要の増大をもたらすから、景気対策にはなるだろう。しかし、ケインズは、もっと長期を見据えていた。」

経太は、杉本先生が自分の気になっているところに迫ってくるのを感じた。一回だけ『一般理論』を通読しただけだが、ケインズが「短期の想定」とは一見そぐわない叙述を随所で書き込んでいることに気づき、少々当惑していたところだった。杉本先生は、経太の複雑な思いはすでに察しているのか、続けてこう言った。

杉本：「『一般理論』は「短期の想定」を置いているのだから、「短期モデル」だというのが教科書的な理解だね。初学者対象の講義ならそう教えなければ、受講生の頭が混乱するだろう。しかし、経太君はすでに『一般理論』を読んでいるから、もっと微妙な問題に触れよう。もし『一般理論』が「短期モデル」で、したがって、「有効需要の原理」も短期的にしか成り立たない、さらには、長期的には市場メカニズムが有効に働くようになって市場を清算する（需要と供給が等しくなる）ような「長期均衡」が成り立つのだとしたら、ケインズはマーシャルやピグーに代表された当時の新古典派経済学にほとんど何も付け加えなかったことになる、という大問題だ。

先ほどちょっとだけ触れた公共投資賛成論に戻ると、ピグーやロバートソンは、ケインズよりも先に短期的な景気浮揚策としての公共投資賛成論だった。しかし、同じ公共投資賛成論でも、ケインズは、長期的・構造的不況対策としての公共投資を支持していた。これは、ずいぶん昔、T．W．ハチスンというイギリスの経済学史家が指摘していることで、ケインズに詳しい人なら知らないはずはない。何しろ、イギリスは、1920年代から、アメリカと違って、かつての花形産業だった石炭や綿業などが疲弊し、ダラダラと不況が続いていたのだから。ようやく低金利政策の限界を悟ったケインズは、1920年代の終わり頃から、積極的に公共投資擁護論を展開するようになった。」

経太：「なんだか少しずつ謎が解けていくようではあるのですが、いまの理解が説得力をもつには、「有効需要の原理」が長期的にも成り立つことが論証されなければならないように思うのですが……。」

杉本：「カンが働くね。その通りだ。そこで立場は割れる。「短期の想定」を置いている以上、

『一般理論』は「短期モデル」で、長期的には新古典派が復活するというのが、かつてポール・A・サムエルソンというアメリカの著名な経済学者が唱えた「新古典派総合」の立場だ。いまの学界の多数派も、似たような解釈をしていると思う。それに対して、「有効需要の原理」は長期的にも生きていると主張する人たちは「ポスト・ケインズ派」に多いけれども、この学派にはいくつかの「分派」があり、一様ではない。そのいくつかは、あとで紹介しよう。

ただ、私自身は、ポスト・ケインジアンには敬意を払いながらも、ある不安を感じている。それらは、なんらかの論理で長期的にも「有効需要の原理」が成り立つことが論証されたとしても、『一般理論』自体が「短期の想定」を置いているという点は変わらないということだ。私には、ケインズのアイデアが多様な解釈を許すほど豊穣だっただけに、それをたった一つのモデルに凝縮してしまうのは、そもそも無理を伴っていたように思えてならない。」

経太：「先ほど先生は、低金利政策によって投資を増やすというケインズの主張がもっと長期を見据えていたと仰いましたが、それはどういうことでしょうか？」

杉本：「うむ。まずは、『一般理論』に書かれている範囲で理解できることから話そうか。ケインズが低金利政策を説いたのは、利子率と資本の限界効率との関係で決まる投資を増やすためだ。資本の限界効率に大きな変動がなければ、確かに、低金利政策を続ければ投資は増えるし、短期的には景気対策にもなる。しかし、投資の増大によって、長期的には、資本財のストックも次第に大きくなる。ケインズが狙ったのは、まさにそれだ。」

経太：「どういうことでしょうか?」

杉本：「経太君の手元にある、『一般理論』第16章「資本の性質に関する諸考察」を開いてくれるかな。ケインズは、そこで「資本の稀少性理論」というべきものを提示しているので、読んでみよう。」

「資本は、生産的なものとして語るよりも、その存続期間を通じて原価を超える収益をもたらすものとして語る方がはるかに望ましい。なぜなら、資産がその存続期間中に初めの供給価格よりも全体として大きな価値の用役を生むという予想を与える唯一の理由は、資産が稀少だからであり、またそれがつねに稀少に保たれるのは貨幣に付される利子率との競合のためである。資本が稀少ではなくなれば、超過収益は減少するであろうが、そのために資本が生産的でなくなるということはない――少なくとも物理的な意味においては。」（塩野谷祐一訳、211頁）

杉本：「短いけれども、きわめて重要な示唆を与えているね。かいつまんで言うと、こうなるだろうか。資本は「生産的」だからではなく「稀少」だからこそ超過収益をもたらす。いまのところ、資本が稀少に保たれているのは、投資が利子率と資本の限界効率との関係で決まり、しかも利子率には下限があるからだ（「流動性の罠」）。しかし、低金利政策をずっと続けて、着実に資本財のストックが増えていけばどうなるか。ケインズ流にいえば、資本の稀少性がなくなっていくだろう。そのとき、資本はもはや超過収益を生まなくなる。それゆえ、ケインズは、畳みかけるように、次のように言ったわけだ。」

「資本の限界効率がゼロになる程度にまで資本財を豊富にすることは比較的容易である、という私の仮定が正しいならば、そのことは資本主義の好ましくない特徴の多くを徐々に除去する最も賢明な方法であるといえるかもしれない。というのは、蓄積された富に対する報酬率が徐々に消滅することからどんなに大きな社会的変革が生ずるかは、ちょっと考えてみれば簡単にわかるからである。この場合にも、稼いだ所得を後日支出する目的で蓄積しようと思う人は、自由にそうすることができる。しかし彼の蓄積は増殖しないのである。そのような人は、事業から隠退したとき、ギニー金貨の箱をトウィックナムの別荘に運び、家計の費用を必要に応じてそこから支出したというホープの父親のような立場におかれるにすぎない。」（塩野谷祐一訳、218－219頁）

経太：「資本財のストックがきわめて大きくなると、資本の限界効率が限りなくゼロに近づいていく——これが、いわゆる「利子生活者の安楽死」というケインズの思想につながることは、『一般理論』の数カ所に登場するので何となくわかりますが、もう少し説明していただけますか？」

杉本：「いっぺんに全部は理解できないだろうね。一つは、『一般理論』の最終章「一般理論の導く社会哲学に関する結論的覚書」がヒントになる。ケインズは、「稀少性」の意味を、土地と資本に分けて考察している。つまり、土地の稀少性には理由がある（土地は自然の賜物《たまもの》だから量に限りがある。それゆえ「地代」が生まれる）のに対して、資本の稀少性にはそれに対応するような理由がないということだ。したがって、資本の稀少性がなくなるような政策を採用することは決して不可能ではない。長い時間がかかるだろうけれども、資本の稀少性に起因する「利子」も消滅していくだろう。ケインズが次のように言っているのを注意して読んでほしい。」

「利子の形で報酬を提供することによって初めて誘い出すことのできる真実の犠牲という意味での、資本の稀少性の本来的な理由は、長期的にはおそらく存在しないであろう。ただし、個人の消費性向の性質のために、資本が十分豊富となる以前に、完全雇用状態における純貯蓄がゼロになるような場合は別である。しかし、たとえ資本の稀少性の本来的理由がないとしても、なお国家の力を通じて、資本が稀少でなくなる点まで資本を増大させるような水準に、公共的貯蓄を維持することはできよう。

したがって、私は、資本主義の利子生活者的な側面を、それが仕事を果たしてしまうと消滅する過渡的な局面と見なしている。そして利子生活者的な側面の消滅とともに、資本主義に含まれる他の多くのものが変貌を遂げるであろう。それればかりでなく、利子生活者、すなわち、機能を喪失した投資家の安楽死が急激なものでなく、最近われわれがイギリスにおいて経験している傾向の漸次的な、しかし長期にわたる継続にすぎず、なんら革命を必要としないということは、私が勧告している変化の過程の大きな利点であろう。」（塩野谷祐一訳、379頁）

杉本：「ケインズはなぜ利子生活者を目の敵《かたき》にするのか、という疑問は生じるだろうね。それを理解するには、『一般理論』とは別の著作のなかに提示されている彼の階級観を押さえる必要がある。ケインズは、基本的に、イギリス社会が、三つの階級、すなわち、(1)投資家階級（「利子生活者階級」と言っても同じ）、(2)企業家階級、(3)労働者階級、から構成されると考えていた。このような階級観は、すでに『貨幣改革論』（1923年）のなかで提示されている。しかも、注目すべきは、(2)と(3)は「活動階級」だけれども、(1)は「非活動階級」と分類されていることだ。ケインズは、自分の知性や才覚によって未来を切り開いていく人たちには好意を抱いていた。これはとくに企業家階級について当てはまるけれども、労働者階級も努力次第では企業家階級の仲間入りをすることができるので、(2)と(3)の間の垣根はそれほど高くはないと。しかし、他方で、ケインズは、家柄がよいとか資産家の子弟であるとか、ただそれだけの理由で彼らが社会的に重要な地位を占めることにはひどく反発していた。つまり、投資家階級とか利子生活者階級と呼ばれている人々(貴族階級を含む)は、社会にとって不可欠な「活動」をしていないにもかかわらず、世間で不当にも高く評価され過ぎている、と考えていたわけだ。ケインズは、「私は自由党員か」(1925年)と題する講演のなかで、次のように言っている。経太君、ケインズのラディカルな側面を知るには重要な文章だから、注意して読んでほしい。

「私の信ずるところによると、〈個人主義的資本主義〉を知的衰退に陥らせた根源は、少なくとも資本主義そのものに特有の制度にはなくて、資本主義に先行する〈封建制〉という社会組織から継承した一制度、すなわち、世襲原則のなかに見いだされるべきである。富の譲渡および企業支配にみられる世襲原則こそ、なぜ、〈資本主義運動〉の指導部が弱体で、愚かであるかの理由である。そのあまりに多くが、三代目の支配するところなのである。世襲原則の墨守ほど社会制度の衰退を確実にもたらすものは、ほかにないであろう。人間の手になる制度のうちで、とりわけ最古のものである教会が、世襲の悪弊から免れてきた制度であるという事実こそ、このことを説明する一つの例証にほかならない。」(『世界の名著57　ケインズ　ハロッド』宮崎義一・伊東光晴責任編集、中央公論社、1971年所収、164頁)

経太：「そんなことを言っていたのですか。ケインズは、『一般理論』の最終章では、自分の社会哲学を「適度に保守的」と形容していたように記憶していますが、天才の思想は多面的なのですね。」

杉本：「そうだね。「適度に保守的」な側面は、新古典派とケインズ経済学を「平和共存」させた、ポール・サムエルソンの「新古典派総合」に受け継がれるわけだけれども、では、どちらが本当のケインズかと問われれば、見解が分かれる。ラディカルな側面を受け継いだのは、ジョーン・ロビンソンだろうね。」

経太：「先生、ジョーン・ロビンソンというのは、『不完全競争の経済学』の著者のことですか。ケインズの愛弟子であることは知っていましたが、いつから、そんなにラディカルになったのですか?」

杉本：「彼女は、自分には先祖代々「反逆」の血が流れていると自慢していたけれども、ケインズ革命前後に、ポーランド出身の経済学者、ミハウ・カレツキと知り合ったり、マルクスの『資本論』を読み始めたりと、左旋回をしつつあったのではないかな。後年、みずから「左派ケインジアン」と名乗っていた。」

経太：「例えば、彼女のケインズ解釈は、標準的なIS/LMによる解釈とどのように違うのですか？」

杉本：「それは、一言でいえば、ケインズ革命の核心は、「均衡」分析を葬り去り、「歴史」的時間のなかにある意思決定の問題を中心にもってきたことにある、というものだ。歴史的時間というのは、「不確実性の重視」と言い換えてもよい。というのは、歴史的時間の本質は、今日が、変えられない過去と未知の将来の狭間にあるということだから。人間はその狭間で意思決定（例えば、投資決定や流動性選好など）するものだから、否応なく「不確実性」に直面せざるを得ない。ここで、ケインズの「不確実性」とは、単に確率の値が小さいということではなく、例えば投資決定の場合のように、「われわれが予想収益を推定するさいに依拠しなければならない知識の基礎が極端に当てにならないということ」（『一般理論』塩野谷祐一訳、147頁）だということに留意してほしい。つまり、何らかの意思決定を迫られたとき、自分の手元にある情報の絶対量が少な過ぎて、見通しを立てようにも知識の基礎が脆弱だということだ。」

経太：「大胆な解釈ですね。『一般理論』第12章「長期期待の状態」をもう一度読んでみようと思いますが、「不確実性」を重視したら、「均衡」分析まで否定しなければならないのでしょうか？」

杉本：「いい質問だ。ジョーン・ロビンソンの解釈には、ポスト・ケインズ派の一部に支持者がいるけれども、学界全体では彼女のケインズ解釈を支持する経済学者は少数派だと思う。流動性選好や投資決定に「不確実性」が深くかかわっていたとしても、パシネッティ・モデルにあったように（『ものがたりで学ぶ経済学入門』中央経済社、2019年、第10章参照）、マクロの投資量Iはある水準に決まるわけだから、あとは、$Y＝C＋I$という簡単な式から（「乗数」を通じて）国民所得Yは決まるはずだ。これは決して否定できない。私も彼女の解釈は少々極端に走っているように思えるけれども、ケインズが人間を行動に駆り立てる「血気」に触れているのを読むと、行為の「哲学」としては理解できなくもない。ちょっと曖昧な返答になったかな。」

経太は、手元にある『一般理論』のページをめくって、「血気」（animal spirits）が出てくる箇所を探した。なかなか含蓄のある言葉だ。

「投機に基づく不安定性がない場合にも、われわれの積極的な活動の大部分は、数学的期待値――道徳的、快楽的、経済的を問わず――に依存するよりもむしろ、自生的な楽観に依存しているという人間本性の特徴に基づく不安定性が存在する。十分な結果を引き出すためには将来の長期間を要するような、なにか積極的なことをしようとするわれわれの決意のおそらく大部分は、血気――不活動よりもむしろ活動を欲する自生的衝動――の結果としてのみ行われるものであって、数量的確率を乗じた数量的利益の加重平均の結果として行われるものではない。企業は、それ自身の趣意書の叙述がいかに率直で誠実なものだとしても、主としてそれによって動機づけられているかのように装っているにすぎない。企業が将来の利益の正確な計算を基礎とするものではないことは、南極探検の場合とほとんど変わりがない。したがって、もし血気が鈍り、自生的な楽観が挫け、数学的期待値以外にわれわれの頼れるべきものがなくなれば、企業は衰え、死滅するであろう。ただし、その場合、損失への恐怖は、さきに利潤への希望がもっていた以上に合理的な基礎をもっているわけではない。」（塩野谷祐一訳、159－160頁）

杉本：「経太君、ケインズほどの天才経済学者をいっぺんにわかろうというのは無理がある。私たちは何回も『一般理論』やその他の著作を読んで、その度に新しい示唆を得ているので、今後の課題にしたほうがよい。ジョーン・ロビンソンは、『経済哲学』（1962年）という小さな本も書いているけれども、その本は、宮崎義一さんが『経済学の考え方』というタイトルで訳しているので、すぐに読めると思う（岩波書店、1966年）。」

経太：「わかりました。その本を読んでみます。最後に、先生も前に触れておられましたが、ケインズにとっての「貨幣」についての質問があります。マクロ経済学のオンライン授業で、「貨幣」に関係する理論をいろいろ習ったのですが（「貨幣数量説」「流動性選好説」「モディリアーニ＝ミラーの定理」「ポートフォリオ・セレクション」等々）、肝心の「貨幣」とは何かという説明がなかったように思いました。といっても、私は、貨幣本質論のような哲学的考察にはあまり関心はないので、ケインズの『一般理論』に即した説明を先生に補っていただければと思いました。」

杉本：「オンライン授業も、なかなか意欲的なメニューだったのだね。ケインズの貨幣観は、『一般理論』に関する限り、第17章「利子と貨幣の基本的性質」に提示されているので、それを話題にしようか（『貨幣論』と『一般理論』では貨幣観が違うという議論もあるけれども、これはまだレベルが高い内容なので、またの機会にとっておこう）。」

経太：「第17章は、読んだはずなのですが、わかったようでわからない内容でした。」

杉本：「そうだね。「自己利子率」というような聞き慣れない概念が出てくるからかな。ケインズによれば、自己利子率とは、それ自身の数量で測った利子の元本に対する比率のことだ。例えば、現在の100キログラムの小麦が1年後の103キログラムの小麦に等しければ、小麦利子率は3％ということになる。ケインズは、この概念を使って、様々な財――「耐久財」「小麦」「貨幣」――の比較を試みるけれども、ややこしい計算は措《お》くとして、各財の自己利子率を貨幣で測ったものを相互に比較し、「貨幣」の特徴に迫っていく。

かいつまんで言うと、耐久財や小麦の自己利子率は、その財の稀少性が失われるにつれて一般に低下していくのに、貨幣の自己利子率だけはなかなか低下していかない。それはなぜか。ケインズは、その理由を、貨幣がもつ三つの性質に求めた。すなわち、

① ほとんどゼロの生産の弾力性
② ほとんどゼロの代替の弾力性
③ ほとんどゼロの持越費用

このうち、③は貨幣をもっていても、持越費用がほとんどかからないという意味だから、比較的簡単だ。問題は①と②だ。ここは第17章をよく読まないといけない。」

経太：「①は、民間企業が労働者を雇って貨幣を生産することはできない、ということだと思うのですが、当初、中央銀行の行動と読み誤ってしまい、頭が混乱しました。中央銀行なら貨幣を「印刷する」ことができるのではないかと。先入観をもって読んではいけないと反省しました。」

杉本：「いやいや、そうやって古典の読み方も進歩していくものだよ。②は、専門用語でいえば、「粗代替性」が成立しないことだ。ふつうの財ならば、相対価格が上昇すれば、需要が他の財に移っていくけれども、貨幣に対する需要が増えてその交換価値が上がったとしても、需要はその他の財へと移っていかない。思ったほど難しくないのではないかな。

資産所有者は、当然、自己利子率がなかなか低下しない貨幣の形で資産を保有しようとするだろう。これが他の財の生産をするための投資を抑制するので、労働者の失業が生じる。つまり、ケインズが１９３０年代に取り組んだ大量失業という現象の原因は、人々が貨幣を資産として所有しようという欲求が強いところにあるわけだ。ケインズは、それを巧みに表現しているね。」

「いって見れば、人々が月を欲するために失業が生ずるのである――欲求の対象（すなわち、貨幣）が生産することのできないものであって、それに対する需要も簡単に抑制することができない場合には、人々を雇用することはできないのである。救済の途は、公衆に生チーズが実際には月と同じものであることを説得し、生チーズ工場（すなわち、中央銀行）を国家の管理のもとにおくよりほかにないのである。」（塩野谷祐一訳、234頁）

杉本：「ポスト・ケインジアンの一人、ポール・デヴィドソンは、ケインズ経済学の貨幣的側面を重視し、ケインズは、短期であれ長期であれ、「貨幣の中立性」命題を否定したのだと解釈している。「貨幣の中立性」とは、貨幣量が増えても、もはや雇用量や産出量のような実物変数は変化せず、物価を引き上げるだけということだ。デヴィドソンによれば、ケインズが挙げた先の貨幣のもつ三つの性質は、「短期」「長期」を問わず不変なので、『一般理論』も単なる短期理論ではない、と。もちろん、彼の解釈への異論もあるが、詳しくは、まず彼の『ケインズ経済学の再生』永井進訳（名古屋大学出版会、１９９４年）を読んでほしい。」

経太：「わかりました。第21章「物価の理論」では、長期になったら貨幣数量説が復活するともとれるような文章もあるので、その辺が論争の的になるのでしょうね。」

杉本：「その通りだ。しかし、もう一つの解釈は、さらに難しい。ケインズは、第18章「雇用の一般理論再説」の末尾で、私たちの経済社会の特徴について次のように書いている。「その特徴とは、われわれは雇用と物価の上下両方向へのきわめて深刻な極端な変動を避けながら、完全雇用よりはかなり低く、それ以下に低落すれば生活を危険に陥れるような最低雇用よりはかなり高い、中間的な状態をめぐって振動しているというものである」（塩野谷祐一訳、252頁）と。これを読む限り、ケインズは、経済体系は時間が経てば完全雇用に戻っていくというよりも、かなり長期にわたって、ここにいう「中間的な状態」の周辺にとどまると考えていたようだ。さて、これをどのように解釈すればよいのか。」

経太：「そこはいまの私には理解できません。」

杉本：「ポスト・ケインズ派の一部は、なんとしても、『一般理論』を「長期的雇用理論」として読み替えたいという動機に突き動かされているようだね。きわめて独創的だけれども、異論も多く、スタンダードな解釈にはなっていない。イギリスの経済学者で、若い頃、ジョーン・ロビンソンとの共著で『現代経済学』宇沢弘文訳（岩波書店、１９７６年）という教科書を書いた、ジョン・イートウェルは、次のように解釈している。

「短期の想定」を置くと、「人口変化」「資本蓄積」「技術進歩」が捨象されるけれども、これは「有効需要」以外の要因が雇用量の決定にかかわることを排除するための工夫である。「有効需要」は、短期ばかりでなく長期においても重要な役割を演じるが、長期ではその影響が「人口変化」「資本蓄積」「技術進歩」の要因によって攪乱《かくらん》されてしまっては、「有効需要」に焦点を合わせられなくなる。ケインズの「有効需要の原理」は、先の引用にあった「中間的な状態」、つまり最低雇用よりはかなり高いけれども完全雇用には到達しない状態が長期にわたって持続することを解明するためのものだ、というわけだ。」

経太：「なかなか大胆な解釈ですね。」

杉本：「うむ。大胆過ぎて、学界では少数派だね。しかし、なかなか興味深い。というのは、イートウェルが、スラッファが「長期の方法」によって価格理論の分野で古典派を復活させたように、ケインズは雇用量や国民所得の決定理論の分野で類似の「長期の方法」を採用したこと、それゆえ、価格の決定と雇用量や国民所得の決定を分離し、スラッファとケインズを補完的な理論としてともに活かす道があることを示唆しているからだ。」

経太：「スラッファとケインズをいわば「接合」するのですか！　それはぜひ読んで見たいです。」

杉本：「参考論文なら帰りに渡してあげよう[2]。少々長くなったね。今日はこの辺でよいかな。」

経太：「いつも長時間ありがとうございます。やはりケインズは面白いです。」

経太は、今日も、教科書を読んでいただけでは知る由《よし》もなかった貴重なことをたくさん教わって、嬉しくなった。学問にはやはり指導者が必要だ。

（注2） John Eatwell, "The long-period theory of employment," *Cambridge Journal of Economics*, vol.7,nos.3-4 (September-December 1983)

第6章

経済の変動をどう捉えるか

大学も後期の授業が始まったが、まだ新型コロナウィルス感染症が終息したわけではないので、少人数のゼミのような授業を例外として、依然としてオンライン授業が主流のままである。世間には教育機関のうち大学だけが対面授業を避けていることに批判的な意見も少なくないようだ。最近では、文部科学省まで対面授業を増やすように全国の大学に「圧力」をかけているらしい。

経太は、対面授業を望む声の高まりはよく理解できるが、アメリカの大学で対面授業を再開した途端に集団感染（クラスター）がいくつも発生し、すぐにオンライン授業に戻った報道に接してから、やはり今後は感染状況をうかがいながら徐々に対面授業を増やす努力をする、その間はオンライン授業を続けるという選択肢が一番よいように思う。とくに、秋から冬にかけてインフルエンザと新型コロナウィルス感染症の同時流行が懸念されるのなら、いまは、安全策をとったほうがよい。そんなことを考えていたら、杉本先生のお宅に着いた。

＊　＊　＊

栄一君は、経太の顔を見るなり、「昨日、学校でこんなことがあった」と早口で喋り始めた。50代の英語の先生によれば、一昔前、受験生時代に必読書だった英単語集のなかに、「issuesという単語は、受験英語では、political issues（政治問題）のように「問題」という意味で出題されるのがほとんどだから、「issues＝問題」のように記憶して構わない。動詞のissue（「発行する」「出版する」など意味）は知らなくてよい」という趣旨の記述があったと。栄一君はビックリしたらしい。もちろん、その先生は、「しかし、実際に英語で新聞や雑誌などを読んでいけば、issueが「出版する」の意味で使われることも決して少なくないので、受験英語だけを念頭にそんな教え方はしたくない」と言ったらしい。同感である。けれども、なかには、「そんなにたくさん覚えられないから、いいのではないか」という栄一君の友人もいたとか。

難しい問題だが、経太は、英語を単なる暗記科目と捉えるのには反対で、英文を辞書を引きながらどのように日本語に移し替えたら自然に読めるのかを「考える」ように栄一君には指導してきたつもりだ。

経太：「さて、今日はどこが気になったのかな？」

栄一：「モームの文体論は面白いです。次頁の英文[1]。父もあれこれ文章を練っているのを見たことがあるから。下線を引いたのは、訳せないというのではなく、感心したからです。」

（注1）　W. Somerset Maugham, *The Summing Up*, p.29.

If you could write lucidly, simply, euphoniously and yet with liveliness you would write perfectly: you would write like Voltaire. And yet we know how fatal the pursuit of liveliness may be: it may result in the tiresome acrobatics of Meredith. Macaulay and Carlyle were in their different ways arresting; but at the heavy cost of naturalness. Their flashy effects distract the mind. They destroy their persuasiveness; you would not believe a man was very intent on ploughing a furrow if he carried a hoop with him and jumped through it at every other step. A good style should show no sign of effort. What is written should seem a happy accident. I think no one in France now writes more admirably than Colette, and such is the ease of her expression that you cannot bring yourself to believe that she takes any trouble over it. I am told that there are pianists who have a natural technique so that they can play in a manner that most executants can achieve only as the result of unremitting toil, and I am willing to believe that there are writers who are equally fortunate. Among them I was much inclined to place Colette. I asked her. I was exceedingly surprised to hear that she wrote everything over and over again. She told me that she would often spend a whole morning working upon a single page. But it does not matter how one gets the effect of ease. For my part, if I get it at all, it is only by strenuous effort. Nature seldom provides me with the word, the turn of phrase, that is appropriate without being far-fetched or commonplace.

経太：「先生でも文章を練るのに苦労されることがあるのかと思うけども、下線部分は、簡潔でも本質を突いているね。どう訳すかな。「優れた文体は、努力の痕跡を残さないものであるべきだ。書かれたものは、幸運な偶然で思い付いたように見えるべきだ」とでも訳そうか。」

栄一：「モームがだんだん好きになってきたかな。」

経太：「それはよかった。」

下線部は、行方昭夫さんの訳では、「すぐれた文体とは、苦心の跡を留めないものであるべきだ。書かれた文章が幸運な偶然で生まれたように見えるのがよい」(『サミング・アップ』岩波文庫、2007年、56頁)となっている。相変わらず巧い訳である。

＊　＊　＊

経太は、杉本先生にある疑問をぶつけてみるつもりだった。先日のケインズの話は面白かった。それだけに、マクロ経済学のオンライン授業で習った事柄には違和感を覚えた。経済成長のモデルは、ロバート・ソローの新古典派成長理論に始まって、最近のポール・ローマーの内生的成長理論に至るまで、比較的わかりやすいモデルを使って解説されていた。

数学がとくに難しいわけではない。論理的に追っていけば、経太も十分に理解することができたし、なかには美しい数理モデルもあった。だが、実物的景気循環論のモデルが出てきたとき、「これで経済の変動を捉えてもよいのだろうか」という疑問がどうしても抜けなかった。なぜなら、そのモデルでは、景気循環がつねにパレート最適を保ちながら進行しているからである。ミクロ経済学の概念でマクロの景気循環を解明するというのは、どこまで現実妥当性をもつのだろうか。

杉本先生のお宅の居間でそんなことを考えていたら、杉本先生が外出先から帰ってきた。

杉本：「待たせたね。ちょっと近くの本屋さんへ行ってきたところだ。ひと頃よりは人は多くなったね。今日は何の話をすればよいかな。」

経太：「素朴な疑問で申し訳ありませんが、現代マクロ経済学は、ロバート・ルーカス流のミクロ的基礎が行き過ぎて、本来ならそれを適用すべきではないような経済変動論の分野にまで浸透しているように初学者には見えます。モデル自体は数学的に洗練されていると思うのですが、どうしてこのようになってしまったのでしょうか。」

杉本：「もうそんなことまで教わったのか。なかなか充実したカリキュラムだね。ルーカスが出て来たときは、確かに、学界にショックを与えたね。私たちはもう「オールド・ケインジアン」になってしまうだろうけれども、「マクロ経済学のミクロ的基礎」を徹底して考え抜くというアイデアは斬新なものだった。思想的にはミルトン・フリードマンのシカゴ学派の系譜なのだろうけれども、フリードマンのマネタリズムは、「集計量」に依存していた点で、新古典派としては不徹底だった。ところが、ルーカスは、ミクロの経済主体の最適化行動からマクロ経済学を構成する方法論を提示したわけで、より革新的だったと思う。その後の現代マクロ経済学の流れを決定づけたと言ってもよい。もちろん、それをどう評価するかは別問題だ。しかし、経太君の悩みは、それをどう評価するかというほうにあるようだね。」

経太：「はい。」

杉本先生は、昔を回顧するかのように、しばらく目を閉じていたが、書棚から一冊の本を取り出して、経太の前に置いた。下村治《しもむらおさむ》『日本経済成長論』（中公クラシックス、２００９年）

という本だった。底本は、1962年に刊行されている（一般社団法人金融財政事情研究会）。下村治さんは、歴史の本に、国民所得倍増計画で有名な池田勇人首相のブレーンだったと書いてあったような記憶があるが、経太は詳しくは知らない。

杉本：「下村治さんは、ご承知のように、池田勇人首相のブレーンだった人だ。国民所得倍増計画の舞台裏のことは、政治に暗い私にはよくわからないけれども、「官庁エコノミスト」（あまり好きな言葉ではないが）としてきわめて優れた手腕を発揮したと思う。

日本が戦後復興から高度成長期に入るまでの過渡期にも、複数の官庁エコノミストの名前が思い浮かぶけれども（大来《おおきた》佐武郎《さぶろう》や後藤《ごとう》誉之助《よのすけ》など）、下村さんは、所得倍増計画前夜から日本の将来を大局的にかなり正確に見通した眼力において随一だったのではないかな。」

経太：「そうですか。オンライン講義では、マクロ経済学の教員はあまり日本経済のことは関心がないのか、数理モデルはたくさん教えてくれましたが、日本経済にはほとんど触れなかったように思います。もちろん、日本経済については、日本経済史のオンライン講義で一応のことは学びましたが、こちらは経済分析的なモデルに関心がないのか、ときどき「なぜ？」と思うことがありました。」

杉本：「なかなか厳しい教員評価だね（笑）。若い理論家が数理モデルに関心があるのは健全なことだけれども、歴史を知らないとしたら問題だ。歴史家も事実だけ知っていても、ある程度理論も勉強しないと、叙述に深みが出ないだろう。その点で、下村さんは、いまのような大学院博士課程で教育されたわけではないけれども、経済安定本部物価政策課長や日銀政策委員などの仕事を通じて彫琢された独自の勘の良さと、ケインズやケインジアンの経済学を学ぶことによって得られた経済分析の手法を組み合わせて、日本経済の成長潜在力を誰よりも早く正確につかむことに成功した、〝実践派〟のエコノミストだった。」

杉本先生は、『日本経済成長論』のむすび近くの文章を引っ張り出して、経太に読んでみるように言った[2]。少し長いけれども、注意深く読むようにと。

「経済は少数の質の同じ人間が営んでいるわけでなくて、日本の場合ですと9400万人が、北海道から鹿児島の果てまでにわたって住んでおって、それがいろいろなことを考えながら、いろいろの違った能力なり考え方をもって生活をしているわけですから、そういう国民が成長し、発展する過程というものは、必ずしも一様にはいかないというのが現実だと思うのです。

（注2） 下村治『日本経済成長論』（中公クラシックス、2009年）427－428頁。

この9400万人の国民全体の生活水準を高める、その全体の生産性を高めることによって生活水準を高めるというのが、経済政策の一番基本的な目標になるべきだと思いますけれども、それを起こすためには、どういうことが具体的に必要かと申しますと、9400万人を同じように、同じ方向に、同じ速度で、同じ調子で変えていくということではなくして、その中に先頭を切る者があって、はじめて全体が引き上げられるような変化が起こる。これが現実の歴史的な動きの姿だと思います。先頭を進む者はいわゆるラッセルをするわけでありますし、あるいはいわば突破口をそこでつくっていくわけであります。したがって、当然にそれは少数者がまず先頭を進むということになりますけれども、これは少数者だけが先に進むということではなくて、そういう能力をもっている人たちがまず少数者であるという事実があるだけだと思います。そういうことが起こって、その影響が徐々に国民全体に及んで、はじめて国民全体の位置が高くなっていくという形で起こっていく。それも一様にいくわけではありません。いろいろの面が違った動きをしまして、いわば螺旋的にめぐりめぐって進んでいくというのが、現実の姿であろうと思います。今日までの経済成長の中では、そういうような局面でのいろいろな違いが出ております。それが違った時期に、違った姿をとっているというのが実際の姿ではないかというように思います。

ですから、一部のと申しますか、あるいは大部分のといいますか、国民の犠牲において経済の成長が推進されるということではないのでありまして、まず先頭を進む者が先頭を進むという事実があって、その影響なり、その恩恵なりが、やがて9400万人の全部に及ぶという形で、時間の遅れをとった調整が現実にいま起こってきた姿ではないかと思います。だいたいそこに大企業の労働者の賃金水準が急速に上がっていくというのが、いままで起こったことでありますが、今日起こっているのは、その影響がついに国民全体に及んで、中小企業、零細企業、農業にも及んでいるし、人夫、職人、すべての者に及びつつある。遅れて変化を起こすところでは、その変化が遅れているがために急速に起こる、という動きが出ているだけだと思います。

…………（中略）…………

格差の問題は、これは現実にはいろいろな姿をとっておりますけれども、しかし大勢からいいまして、日本の経済が国民全体に対して、9400万人の中で4500万人が職をもって働いている。その4500万人にたいして就業の機会を拡充し、その条件を改善し、全体の生産性を高めるような方向で急速な動きを示しているということだけは、まちがいないと思います。

その動きがなければ、経済全体、国民全体として生活の改善ができないことも、これまたまちがいのないところだと思います。人によって、地域によって条件が違いますから、その流れの中で、先を進む人と遅れる人とが出てくるのは、これは仕方のない面もあると思いますが、要するに大事なことは、全体をそういう向上発展の動きの中に入れ込むような努力を互いにやる必要があるということと、その中で、うまく自力でもって乗れないような人があれば、乗りうるように援助することが必要である、というだけであろうかと思います。現実に、その動きの中で置き去りになるような不幸な人が、これもあることはまちがいありませんけれども、それにたいする援護といいますか、援助の問題は、経済全体として、国民全体として、高い生活、高い所得を上げうるような人がふえればふえるほど、したがって、財政についていいますと、財政力の基礎が充実すればするほど、十分に手厚い援護ができるわけでありますから、一時的な姿だけで、全体の動きの方向なり、性格なりを即断しない方が合理的ではないか、常識的ではないか、というように考えます。」

杉本：「経太君、それを読んで何を思ったかな？」

経太：「下村治さんについては、高校の日本史の参考書で読んだくらいのこと、つまり池田勇人首相のブレーンで、国民所得倍増計画の立案に加わったケインジアンだった、というくらいの知識しかありませんでした。これを読むと、ケインジアンには違いないのだろうけれども、シュンペーターの経済発展のヴィジョンに近いことを構想しているようにも思えます。自分の読み間違いかもしれませんが。」

ドーマー・モデルの着眼点

「投資の二重性」＜ 短期 ── 有効需要の増大
　　　　　　　　　長期 ── 生産能力の拡充

$Y=P$	(1)	Y：国民所得
$\Delta Y=\frac{1}{s}\Delta I$	(2)	P：潜在的生産能力
$\Delta P=\sigma I$	(3)	σ：投資の潜在的・社会的・平均生産性
$\Delta P=\Delta Y$が成り立つには、		I：投資
$\frac{\Delta I}{I}=s\sigma$	(4)	s：限界貯蓄性向

表 1

杉本：「いや、なかなか鋭い指摘だね。上の文章にシュンペーターの影を見たのはさすがだ。しかし、まず、戦後の経済成長理論の出発点ともいえるハロッド＝ドーマーモデルを説明しておこうか。ドーマーのほうがわかりやすいから、これを使おう。」

そう言って、杉本先生は、ホワイトボードに説明と簡単な数式を書き始めた（表1を参照）。杉本先生の説明は、次のようであった。――いま、国民所得Yと潜在的生産能力Pが均衡している状態を想定する（式1）。ドーマが注目した「投資の二重性」とは、投資の増大ΔIが短期的には有効需要の増大ΔYをもたらす一方で（式2）、投資Iそれ自体が、長期的に、それに「投資の潜在的・社会的・平均生産性」をかけただけ生産能力の拡大ΔPにつながることである（式3）。したがって、有効需要の増大ΔYと生産能力の拡大ΔPが均衡するには、$\Delta I/I = s\sigma$ が成り立たなければならない（式4）。すなわち、投資が、限界貯蓄性向 s に σ をかけただけ増大しなければならない、ということだ。もし投資が $s\sigma$ 以上の率で増大するならばインフレが生じ、反対に $s\sigma$ 以下の率でしか増大しないならばデフレに陥ることになるだろう。単純なモデルながら、ドーマーは「均衡成長率」をこのように導き出した。

杉本：「ドーマー・モデルのエッセンスは、この通り単純明快で、経太君ならすぐ理解できるだろう。高度経済成長期のケインジアンの多くも、総需要と総供給のバランスを考慮しながら、均衡成長率の達成を目指していたと思う。ときに総需要が拡大し過ぎて、インフレ圧力や国際収支の天井にぶつかって景気が反転することもあったけれども、全体としてみれば、高度成長という点ではかなりよい成果を残した（もちろん、その反面、公害や環境破壊などのマイナスの側面も伴ったけれども）。

だが、私が言いたいのは、経太君が鋭くも見破ったように、下村さんの頭の中にケインズの他にシュンペーターの発展理論に近いヴィジョンがあったことだ。景気や成長の予測をするとき、よく設備投資の動きを見るけれども、下村さんは、そこに必ずシュンペーター流の革新投資が大部分を占めていなければ日本の近代化は成し遂げられないと思っていたはずだ。実際、日本の高度成長は、吉川洋《よしかわひろし》さん（東京大学名誉教授、立正大学学長）もいうように、「有効需要とイノベーションの好循環」によって実現したものだった[3]。

下村さんは、それを見抜いていたはずだ。
経太君、もう一つ、下村さんの文章を読んでみてくれないか[4]。」

「……生産能力がないのに欲望だけ先走りすると経済はインフレになります。しかし、生産性が高まり、生産能力が拡充するに応じて欲望の充足が豊かになるときは、そこに成長と発展が実現されたことになります。しかし、このように増強され、高度化した生産能力を、国民生活の向上のために活用できるかどうかは自動的なメカニズムの問題ではなくて、われわれ自身の決意と選択と行動の問題です。

急激な合理化政策によって生産能力が拡充したら、過剰生産は必至だとか景気循環は不可避だとかいう人もありますが、このような人たちは経済のメカニズムを機械論的・決定論的にしかみようとしない人たちです。革新や新機軸は新しい事態を創造するものです。合理化・近代化投資は新しい可能性を引き出そうとするものです。生産性が向上し、経済が成長し発展するということは、経済が低い段階から高い段階へと、脱皮し、変容することです。そこにあるの

(注3) 吉川洋『高度成長―日本を変えた6000日』(中公文庫、2012年)、同『いまこそ、ケインズとシュンペーターに学べ―有効需要とイノベーションの経済学』(ダイヤモンド社、2009年)などを参照。
(注4) 下村治『日本経済成長論』、前掲、393-394頁。

は自由意志による創造の過程であって、決定論的な因果の過程ではありません。生産性が高まり、生産力が拡充したときに、そこに過剰生産が起こるとしたら、それはわれわれ自身の怠惰のために、せっかくの成長と発展の条件が殺されているということです。輸出力を増強し、輸入競争力を強化するような合理化・近代化が飛躍的に推進されているときに、それを成長と発展として現実化できないはずはありません。もちろんそれはわれわれの工夫努力のいかんによることですし、われわれの覚悟いかんによることですが、経済の成長ということは、もともとそういうようにして実現されるものでしょう。」

経太：「先生の仰るように、基本的な構想は、ドーマー・モデルに沿って理解できますが、「革新投資」を強調しているところは、やはりシュンペーター的にみえます。私は歴史の知識でしかわかりませんが、国民所得倍増計画を企画した人たちは、日本を高度成長によって先進国の仲間入りをさせる、そのためには日本経済を「創造的破壊」の過程を通じて真の意味で近代化を成し遂げなければならないという情熱に突き動かされていたのではないでしょうか？」

杉本：「いいこと言うね。下村さんは、数カ所を除いて、シュンペーターや企業家精神には触れていないけれども、彼らの「近代化」がまさにシュンペーターの「創造的破壊」だったというのは決して的外れではないと思う。経太君にこれ以上、下村さんの文章を読ませる必要もないだろうけれども、私は、ずいぶん若い頃、下村さんの本のまえがきにあった、「日本経済の歴史的な近代化」を成し遂げようという呼びかけには感銘を受けたものだ[5]。まあ、ちょっと読んでみてくれるかな。」

経太：「承知しました。」

「われわれの目の前に起こっているのは、日本経済の歴史的な近代化である。国民の創造力の歴史的な解放過程である。国民がその固有の能力を存分に発揮する機会をもちえなかった経済から、自由に伸び伸びとそれを発揮できるような経済に向かっての、革命的な躍進過程である。農業にしろ、中小企業にしろ、国民の創造力を前近代的な形で拘束することが不可能になりつつある。国民の労働力はよけいなものから貴重なものへと変化しつつある。

われわれが当面しているのは、このような状況であり、このような歴史的な意味をもった課題からの挑戦である。

（注5） 同前、5－6頁。

日本経済の成長を論ずるとき、われわれはこのような歴史の流れについての洞察を抜きにすることはできない。現在の状況は、単純に過去の条件によって機械的に決定されているものでもなく、また将来についての希望と夢に従って勝手に形成されるものでもない。過去の実績を背負い、将来の可能性を頭に描きつつ、われわれ自身が営々として創造し、築き上げるものである。過去は決定された世界であるが、将来は不確定な可能性の世界であり、現在は可能性を現実のものとして創造する世界である。過去と未来は現在を接点として接続しているが、しかし、それは同じ次元において連続しているのではなく、そこでは異なった次元への屈折が起こっている。

経済の成長を論じ、経済の計画を論ずるとき、これは人がよく忘れる点である。過去から将来にわたっての経済的諸元の表を手にするとき、将来に関する数値と過去に関する数値とが同じ性質のものだという錯覚に陥ってはならない。見通し表の数値と実績数値との相違をみて、ただちに、そこに「計画の誤り」があるとか、「経済の行過ぎ」があるとか考えるのは、歴史の過程の創造性や、人間行動における試行錯誤の役割を無視するものである。過去の数値は、すでに動かしがたく決定ずみであるが、将来の数値は可能性の数量的表現にすぎない。そして、それがどのように実現されるかは、現在の数値が、どのようにして、どのような形で実現されるかによって、左右される。現在の創造的な努力の成果が動くにつれて、将来の可能性も変化してくるのは当然でなければならない。」

経太：「現在の経済学者やエコノミストの文章よりも、はるかに格調が高いですね。下村さんのいう「成長」は、やはり経済の質的向上を伴ったものだから、シュンペーターの「発展」に近いのではないでしょうか？」

杉本：「経太君もそう思ったのなら嬉しいことだ。もちろん、下村さんは、１９７０年代の石油危機を境に、日本経済を取り巻く環境が変化したと認識を変化させ、低成長論者になったのだけれども、その評価は別としても、日本経済の高度成長前後に読んだ下村さんの本から、私たちが多くの刺激と勇気をもらったことは事実だ。

当時は、私たちは、サムエルソン＝ヒックス型の乗数・加速度原理に基づく景気循環モデル、カレツキ＝カルドアの「利潤原理」に基づく非線型モデルなど、差分方程式や微分差分混合方程式などが出てくる理論をたくさん勉強したものだ。とくに、ヒックスの「玉突き台の理論」と呼ばれたモデルはどの教科書にも載っていたし、差分方程式も数学的には面白いように思ったけれども、景気が「天井」にぶつかって反転するところ以外は、独立投資が一定率で成長するような仮定には疑問を感じたものだ。これらはもう現代のマクロ経済学の教科書には出てこないものばかりだ。モデルの「寿命」は案外短い。

こんな昔話をしたのは、経太君が現在の実物的景気循環論などに抱く疑問を聞いて、「理論と現実の緊張関係」を保つのは実に難しいということを認識してもらいたかったからだ。」

経太：「はい。参考になりました。」

杉本：「たぶん経太君に最後に残る疑問というのは、経済成長至上主義の時代はすでに終わり、21世紀は「持続可能な開発」（sustainable development）の時代になったのではないかということだろうね。」

経太：「たしかに、持続可能な開発は、環境経済学や開発経済学のオンライン講義で重要な課題として教わりました。もっと勉強しないとわからないことが多いので、まだ質問はできませんが、経済学というよりも、もう少し視野の広い文明社会論のようなものがあれば面白いかなと感じています。」

杉本：「それなら、広井良典さん（京都大学こころの未来研究センター教授）の『ポスト資本主義―科学・人間・社会の未来』（岩波新書、２０１５年）の一読をすすめるね。」

杉本先生は、広井良典さんの考えをおおよそ次のようにまとめて紹介してくれた。――広井さんは、以前から、「定常型社会」の提唱者だった。『ポスト資本主義』も、その延長線上にある著書だが、さらにスケールが大きい。

広井説では、人類史は「拡大・成長」と「定常化」という二つの大きなサイクルを描きながら進んできた。現代は、ひたすら「物質的生産の量的拡大」を目指した「拡大・成長期」から、「資源・環境の制約」が深刻になる「定常期」へと移行しつつあり、物質面よりは精神的・文化発展のほうが重要になっている。このような考え方の先駆者は、19世紀イギリスの大教養人ジョン・スチュアート・ミルだが、世界的に高齢化が進み、人口や資源消費がある定常点に向かうような現代の「グローバル定常型社会」では、国家を中心にした集権的・一元的な社会ではなく、活動主体が多元化し、地球上の各地域も多様化していくという。

注目すべきは、広井氏が「生産性」の概念を再考し、「労働生産性から環境効率性への転換」を提唱していることである。従来、福祉や教育などの対人サービスは「生産性が低い」領域だと見なされていたが、新しい尺度では、むしろ「生産性が高い」ものとして浮上する。「人々の関心はサービスや人との関係性（あるいは「ケア」）に次第にシフトし、人が中心の「労働集約的」な領域が経済の前面に出るようになるだろう」という予測は、近い将来のＡＩ革命による労働者の大量失業の予測とは全く違っている。

それにもかかわらず、広井氏は、「人口減少のフロントランナー」としての日本では、いまだに経済成長至上主義が根強く残っており、「持続可能な福祉社会」への転換を妨げていることを憂えている。

経太：「なかなか大胆な予測をしている本ですね。さっそく読んでみます。」

杉本：「私たちの学生時代にも、ローマ・クラブ「人類の危機」レポート（『成長の限界』大来佐武郎監訳、ダイヤモンド社、1972年）や「反成長」論者のエズラ・J・ミシャン（『経済成長の代価』都留重人監訳、岩波書店、1971年）などがよく読まれたものだけれども、50年経っても、経済成長至上主義はこの前のアベノミクスでもしぶとく生き残っている。それに取って代わるのは並大抵のことではないことだけは念を押しておくよ。」

経太：「わかりました。」

杉本：「それでは、今日はこの辺で終わりにしようか。」

経太は、頭の中がモヤモヤしていたが、杉本先生と話ができて、何だか気が楽になった。先生とは比較にもならないが、先生の頃から、「理論と現実の緊張関係」に悩んでいた人たちはいたのだった。これ先どうなるのかわからないが、向学心だけは失くしたくない。

第7章

異端の経済学

11月も中旬になり、紅葉の季節を迎えたが、またしても新型コロナウィルス感染症の罹患者が急増し、せっかく政府主導のGoToトラベルキャンペーンで観光に行く人が増えてきたというのに、周囲も「この状況で旅行に行ってよいものかどうか？」と足踏みするようになった。だが、人出は春の緊急事態宣言下よりもずいぶん多いから、まだ感染拡大は続くだろう。有効なワクチンの情報もいくつか聞かないわけではないが、専門家によると、「期待はするものの有効性や安全性は蓋を開けてみなければわからない」ということだ。ワクチン頼みの人たちは落胆するかもしれないが、それがたぶん真実だろう。

NHK BSの歴史番組に出ている磯田道史《いそだみちふみ》さん（国際日本文化研究センター教授）のベストセラー『感染症の日本史』（文春新書、2020年）を読んでみて、100年前のスペイン風邪の流行時も、皇太子（のちの昭和天皇）を初めとする皇族や、首相・大臣経験者たち、市井の人々など多数が罹患し、多くの犠牲を出しながらも、日本人はそれを乗り越えてきたのだから、今回のコロナ禍もやがては終息し、大学のキャンパスで友人たちと遠慮せずに歓談し、会食もできるようになるのではないか。

先のことはわからないが、学生の本分は勉強することだから、オンライン授業を聴いて宿題をこなし、空いた時間は趣味の読書や散歩、そして楽しみにしている杉本先生のお宅への訪問と、経太は自分がけっこう充実した生活を過ごしていると思っている。

栄一君のモームへの取り組みも順調に進んできた。モームの端正な文章は、真面目な栄一君には合っていたようだ。「辞書を丹念に読むように」というアドバイスも、忠実に守っている。読むスピードは早くなくてもよい。来年の春までに読み終えればよいくらいだろう。しかし、そのときは、きっと英文を読む力はグンと上がっているはずだ。

＊　＊　＊

栄一君は、自分の部屋でちゃんと待っていた。科学ものの雑誌を読んでいたが、物理か数学の記事かと思ったら、なんと「哲学―科学を生んだ人類の思考」の特集号だった（『ニュートン』２０２０年6月号、ニュートンプレス発行）。経太もこの雑誌は読んだことがあるが、微分・積分とか宇宙物理学などの特集だったような記憶がある。こんな特集もあったのか。コロナ禍で科学を生んだ哲学に親しむというのも、悪くない特集だ。

経太：「その雑誌もいろいろな特集があるんだね。」

栄一：「哲学が出てくるとは思わなかったけれども、大昔は、自然哲学がいまの自然科学

I wonder how anyone can have the face to condemn others when he reflects upon his own thoughts. A great part of our lives is occupied in reverie, and the more imaginative we are, the more varied and vivid this will be. How many of us could face having our reveries automatically registered and set before us? We should be overcome with shame. We should cry that we could not really be as mean, as wicked, as petty, as selfish, as obscene, as snobbish, as vain, as sentimental, as that. Yet surely our reveries are as much part of us as our actions, and if there were a being to whom our inmost thoughts were known we might just as well be held responsible for them as for our deeds. Men forget the horrible thoughts that wander through their own minds, and are indignant when they discover them in others. In Goethe's Wahrheit und Dichtung he relates how in his youth he could not bear the idea that his father was a middle-class lawyer in Frankfurt. He felt that noble blood must flow in his veins. So he sought to persuade himself that some prince travelling through the city had met and loved his mother, and that he was the offspring of the union. The editor of the copy I read wrote an indignant footnote on the subject. It seemed to him unworthy of so great a poet that he should impugn the undoubted virtue of his mother in order snobbishly to plume himself on his bastard aristocracy. Of course it was disgraceful, but it was not unnatural and I venture to say not uncommon. There must be few romantic, rebellious and imaginative boys who have not toyed with the idea that they could not be the son of their dull and respectable father, but ascribe the superiority they feel in themselves, according to their own idiosyncrasies, to an unknown poet, great statesman or ruling prince. The Olympian attitude of Goethe's later years inspires me with esteem; this confession arouses in me a warmer feeling. Because a man can write great works he is none the less a man.

だったのだから、こんな勉強もいいかなと思って買ってみたら、けっこう面白い。」

経太：「古代の哲学者は多才だからね。ところで、今日は、モームのどの辺から始めようか？」

栄一：「今日は、人間の夢想について書いてある文章が面白いと思いました。ゲーテが出てきたのも意外だった。右頁の文章[1]。下線部の訳、うまくいきそうで、なかなかできません。」

経太：「確かに、ひっかけ問題といってもよいかな（笑）。受験英語では、a few は肯定的に「二、三の」とか「幾らかの」と訳すのがパターンかしているけれども、a がない few だけのときは、本来、否定的に「少数の」とか「わずかの」と訳すほうが当たっている場合が多いと思う。下線部だと、「ロマンティックで、反抗心や想像力の強い少年なら、少数だけれども、自分があの退屈で世間体を気にする父親の息子であるはずがないという考えをもてあそんだことがないという者はいないに違いない」とここでいったん切る。「しかも、

（注1） W. Somerset Maugham, *The Summing Up*, pp.36-37.

彼らが自分の中に感じる卓越性は、彼ら自身の個性によるものなのだけれども、未知の詩人、大政治家、あるいは有力な君主の血筋を引いているからだと考えがちだ」とでも訳すると、少しは日本語らしくなるね。」

栄一：「なるほど。下線部の前にゲーテが誰か偉い人の子供だと夢想していた話が出てくるので、ascribe to を「……に帰する」ではなく、「……の血筋を引いている」と訳してもOKなのですね。うん。なんとなくわかってきた。やはり前後関係の文脈を読み、日本語の表現を鍛え直す必要があるなと思います。」

経太：「それがわかれば、もう何も教えることはないよ（笑）。英文はつねに辞書で訳語を見つけてその通り訳すだけでは、本当の日本語にはならないことが多いね。自戒を込めて言うけれども。」

栄一：「いつも楽々と訳しているように見えるけどなあ。」

高校生で栄一君くらい英文が読めれば、大学入試で苦労することはないだろう。さすがは杉本先生の息子だ。素質が違うようだ。下線部は、行方昭夫氏の達意の訳では、次のようになっている。

「ロマンティックで反抗心も想像力も強い少年なら、自分はあの退屈な、世間体ばかりを気にする男の息子であるはずがないという空想を、一度や二度もてあそんだことがあるに違いない。少年が自らに認める優秀な資質は、少年の個性によって変わるわけだが、あるいは世に知られざる天才詩人、あるいは大政治家、あるいは現役の君主などの血を受け継いでいるためだと空想する。」(『サミング・アップ』、岩波文庫、2007年、70頁)

＊　＊　＊

杉本先生は、学生のレポートを採点していたので、経太は先生の手がすくまでしばらく待っていた。蔵書は和漢書と洋書が半分ずつといった感じだったが、やはり洋書の量に圧倒される。先生は読むスピードも速いので不思議ではないが、他の学者と比較して桁外れに多い。いつか、先生から、本は「道具」であり、自分には稀覯書《きこうしょ》収集の趣味はないとうかがったことがある。例えば、アダム・スミスが言いたかったことは、現在編纂されて出版されているスミスの著作集に載っており、それをいちいち初版本で読むことには関心がないということだろう。経太も同感だ。もっとも、稀覯書を集めたくとも、学生にお金はないのでしょせん無理な話なのだが。

杉本：「さて、経太君、待たせたね。最近の学生には、いちいち、「Ｗｉｋｉｐｅｄｉａなどを参考文献に挙げたら0点にするぞ」と警告しなくてはならないところが残念だな。百科事典を自分で読むとか、図書館で調べ物をするとか、そういうことを経験せずに大学生になったのなら、将来の日本の学問水準は急落する可能性がある。もっとも、少数ながら、優秀な学生がいることは昔と変わらないのが救いだけれども。」

経太：「先生の大学の学生さんがですか。レポートは、Ｗｉｋｉｐｅｄｉａで書いてもすぐにバレるはずですが。いまは、そういう質の劣るレポートを見破るソフトもあります。しかし、ミクロ経済学やマクロ経済学についての情報は、インターネット上に氾濫していて、極端なところ、入門講義の単位を取るだけなら、それを見ただけでも試験の答案が書けるかもしれません。こんなことを言ってはいけませんね。今日はそんな話ではなく、オンライン講義では聴けないような「異端の経済学」についてのお話をうかがうつもりでした。」

杉本：「ほお。何かの本でも読んだのかな？」

経太：「はい。ロバート・Ｌ・ハイルブローナーの『入門経済思想史―世俗の思想家たち』八木甫ほか訳（ちくま学芸文庫、２００１年）を読みました。スミスやマーシャルやケインズについては先生に教わったので大体知っていたのですが、ソースタイン・ヴェブレンという、ちょっと風変わりな経済学者が気になりました。」

杉本：「ヴェブレンは確かに風変わりな経済学者だった。いや、「経済学者」というよりは、「文明批評家」と言ったほうが近いのか。私がヴェブレンのことを知ったのは、都留重人《つるしげと》（元一橋大学学長、戦後1回目の経済白書を執筆したことで有名）の講演会を聴いたときだった。正確にいつだったかは忘れたけれども、経太君の歳の頃ではなかったかな。都留さんは、ヴェブレンが結構好きで、のちにもよく言及していたね。マルクス主義や環境問題の研究者として世界的に著名だったけれども、おそらく、ヴェブレンに始まるアメリカ制度学派の経済思想にも関心があったのだと思う。」

経太：「ヴェブレンが指摘した「顕示的消費」（conspicuous consumption）という現象は、バブル期の日本人にも、急速に経済発展を遂げつつある新興国の人々のあいだにも見られたと思うのですが、経済学の初歩で習う「経済人」（例えば、一定の予算内で自己の効用を最大化することを目指す消費者）の行動とはずいぶん違っています。ヴェブレンが『有閑階級の理論』（1899年）を書いた頃は、マーシャルが需給均衡理論を確立し、学界の覇権を握った時期とほぼ重なっているので、本当の「異端の経済学」なのかと。その辺のお話を聴きたいと思いました。」

杉本：「ヴェブレンは面白いけれども、手強い相手でもあるから「取扱注意」だね（笑）。経済学の教科書でヴェブレンに触れるときは、例えばお金持ちの有閑マダムが宝石や高級ブランド品などを買い漁り、それを他の人々に見せびらかすことによって彼らとの「差異化」を図る、それが「顕示的消費」だと説明されることが多い。確かに、19世紀後半、アメリカの「金ぴか時代」に登場した有閑マダムや有閑紳士などはそのよい例かもしれない。しかし、ヴェブレンは、『有閑階級の理論』を「野蛮時代の文化」から書き始めている。重要な書き出しだから、経太君もじっくり読んでほしい。」

「有閑階級の制度が最も発達した姿は、野蛮時代の文化が高度な段階に達した社会にみられる。たとえばヨーロッパや日本の封建社会がそうだ。これらの社会では、階級の区分が厳格である。階級間のちがいの中でも経済的にとくに重要な意味を持つのは、多くの階級に固有の職業が区別されていることだ。上位の階級は、慣習的に生産活動を免除され、何らかの名誉を伴う職業に就くものとされる。どんな封建社会でも、最も名誉ある職業と言えば戦士である。そして通常は、聖職者が次になる。あまり戦争をしない社会であれば、聖職者が戦士を押しのけて上位になることもある。とはいえ戦士であれ聖職者であれ、上位階級が生産的労働を免除されるという決まりはほぼ例外なく守られており、労働の免除こそが、上位階級に属することの経済的象徴となっている。インドのバラモンは、その代表例と言えよう。野蛮時代の文化が発達すると、一括りに有閑階級と呼べるような階級の中でも顕著な差別化がみられ、それに応じた職業の区別も出現する。全体として有閑階級には、貴族階級と聖職者階級に加えてその従者の多くが含まれるため、この階級の職業は多様であるが、生産に携わらないという経済面の特徴は共通する。こうした非生産的上位階級のする仕事は、おおざっぱに言うと、統治、戦争、宗教、狩猟などである。」(『有閑階級の理論〈新版〉』、村上章子訳、ちくま学芸文庫、2016年、049－050頁)

経太:「『有閑階級の理論』がそんな書き出しだったとは知りませんでした。現代文明の批判かと勘違いしていました。」

杉本:「いや、「顕示的消費」の説明をちょっと聞いただけなら、そんな印象をもっても仕方がない。ところが、ヴェブレンの議論の仕方はそうではない(『有閑階級の理論』、前掲、062－063頁参照)。――社会がまだ初期未開の状態で私有財産制も未発達なときには、平和を好む習性が強かった。その時代は、個人は、無駄を避け便益をよいと考えるような「勤労本能」(instinct of workmanship)――「製作者本能」とも訳される――に動かされて、その個人が属する集団の生活改善のための仕事に従事していた。もちろん、経済的な競争もあったけれども、その場合の「競争」は「生産活動に役立つかを競い合う」ことが中心で、それ以上に競争が激化する要因は限られていた。ところが、社会が平和な未開状態を脱して「略奪を好む生活」へと移行すると、すべてが変わってくると。

勘の良い経太君にはヴェブレンの言いたいことの察しはついているかもしれないけれども、ここは、もう一度、じっくり読んだほうがよい。」

「互いに張り合う機会と誘因が大幅に増えると同時に、その規模は大きくなり、切迫したものとなる。男の活動は功名や野心の様相を強く帯び始め、狩猟や戦闘の成果を比較して差別することが容易になるにつれて、ひんぱんに行われるようになる。武勇を戦利品の形で証明することが男の思考習慣の中で重要な地位を占めるようになり、戦利品は生活を彩る不可欠のものとなる。狩猟または襲撃の掠奪品《りゃくだつひん》や戦利品は、卓越した力の証拠として尊敬される。侵略はおおっぴらに容認され、掠奪品は侵略の成功を示す文句のない証拠となるのである。この段階の文化では、力の誇示として尊敬に値するのは武力抗争だと認識され、掠奪や脅迫によって有用な品物や奉仕を勝ちとることが、抗争の勝利を示す証拠として広く認められる。その結果、掠奪以外の方法で物を手に入れることは、壮健期の男にとっては価値がないとされるにいたる。そしてまさに同じ理由から、生産的な労働や人に仕える仕事は同じように低く見られる。こうして英雄的行為や掠奪による財物の取得と生産的な労働との間に貴賤の区別が生まれ、労働は軽蔑され、いやなものとされた。」（『有閑階級の理論』、前掲、063－064頁）

経太：「経済学が誕生した頃のお話は先生から以前にうかがいましたが、ケネーにしてもスミスにしても、人間の「労働」は「富」を生み出す源だという思想があったように思います。それが古典派の労働価値説を生んだと思っていたので、ヴェブレンの文章にはショックを受けました。

とすると、ヴェブレンの「有閑階級」は、もともと、「掠奪を好む生活」や思考習慣から生まれてきたというように考えるべきなのでしょうか。」

杉本：「いつもながら勘がよく働くね。ヴェブレンが活躍したのは、19世紀の終わりから20世紀の大恐慌の前までの間だから、新古典派のマーシャルが活躍した頃とかなり重なっている。その時期には、今日の教科書でみるような「経済人モデル」が一般に知られていたわけではなかったけれども、同時代に活躍したイタリア出身の経済学者、ヴィルフレド・パレート（ローザンヌ大学でワルラスの後継者になったことは覚えておいたほうがよい）の経済学関係の仕事（「無差別曲線」や「パレート効率性」などの導入）をみると、今日の「経済人モデル」とほとんど同じものがすでに出来上がっていたと考えてよい（パレートも単なる経済学者ではなく、社会学関係の仕事は「非合理」の世界にも踏み込んでいるが、ここでは措いておく)。しかし、ヴェブレンは、上の文章にあるように、「我が道を行く」という感じだね。経済学史の素養があれば、「労働」を貴重なものと考える思想が初期からあったかのように考えがちだけれども、文化人類学に詳しかったヴェブレンは、それに対して〝NO〟と言っているわけだ。

ただし、経太君、古典的名著は「拾い読み」では誤解してしまうので要注意だ。現代では、日常生活であからさまに「掠奪」を誇るような人はいないからね。もう少し、ヴェブレンのいうことを聞いてみてほしい。」

「財を獲得して蓄える目的は、その蓄えた財を消費することにあると解釈されてきた。ここで、消費をするのが所有者本人か、所有者と生活を共にする世帯(当面の議論に関する限り理論上は所有者と同一視される)であるかは問わない。これが、すくなくとも経済学の観点からみて財の獲得の合理的な目的と考えられ、最低限これを考慮することが経済学の任務となっている。こうした消費はもちろん、消費する者の肉体的欲求、すなわち肉体的快楽の欲求を満たすと考えてもよいだろうし、もう少し高級な欲求、すなわち精神的・美的・知的欲求を満たす役にも立つにちがいない。後者は財への支出を通じて間接的に満たされるものだが、これは経済学に通じた読者ならよくご存知だろう。

しかし、消費が継続的な財の蓄積を促すと言えるのは、財の所有をかつての素朴な意味とはかけ離れた意味で解釈した場合に限られる。所有の根源的な動機は、他人に負けまいとする対抗心なのである。そしてこの動機は、私有財産制の発展過程にも、この制度に関わる社会構造のあらゆる側面の発展過程にも作用し続ける。富の所有は名誉をもたらし、それは上下の差別を伴うということだ。財の消費や獲得にはさまざまな誘因があるにしても、これ以上的確な説明は見当たらない。とりわけ富の蓄積についてそう言える。」（『有閑階級の理論』、前掲、071頁。傍線は引用者）

杉本：「ここまでくると、ヴェブレンが言わんとすることも、少しずつわかってきたのではないかな。彼は、消費という行為を、財から得られる満足あるいは効用を最大化させるというような功利主義的なものの見方を退けているね。「所有の根源的な動機は、他人に負けまいとする対抗心なのである」というのだから。」

経太：「なるほど。とすると、次には、先ほど出てきた「掠奪」が社会の発展とともに「顕示的消費」に変容していく過程が綴られるわけでしょうか？」

杉本：「その通り。ヴェブレンの筆の運び方は周到だ。この辺は、拾い読みでは不十分なので、あとでお家でじっくり読んでほしいけれども、なかなか含蓄の深いの文章だから、あとで紹介してみよう。ヴェブレンは、大学で哲学の学位をとったあと、定職もなく田舎で7年間も読書三昧の生活を送っていた変わり者なので、いわゆる「秀才型」の学者ではない[2]。読書の幅も、ふつうの経済学者よりもはるかに広かったと思う。そんな彼だから、正統派経済学の教科書を読んだときは、かなり違和感を覚えたのではないかな。それを単なる「違和感」に終わらせず、みずからの浩瀚《こうかん》な文献渉猟《ぶんけんしょうりょう》によって得た知見に基づいて、『有閑階級の理論』という一書にまとめ上げたところがすごいことだ。

ヴェブレンの思想形成について語り始めたら、アメリカ独自の哲学といわれるプラグマティズムの影響とか、進化論の影響とか、いろいろあるだろうけれども、いまは、そのような分野には立ち入らずに、無心に原典を読んでみることを勧めるね。関連の文献は、後から読んでも遅くない。彼の本は、ミクロ経済学やマクロ経済学の教科書とは違って、体系的には出来ていないので、初めはまごつくかもしれないけれども、一回は読み通すことが大切だ。

ところで、本題に戻るけれども、先に触れたヴェブレンの文章は次のようなものだ。ちょっと長いけれども、辛抱して読んでほしい。」

「ある社会で、日々の生活においても男たちの思考習慣の中でも生産活動が掠奪行為よりも次第に重要になってくると、富は次第に英雄的な掠奪行為を誇るものではなくなり、一般的な優越と成功を象徴するものとなる。こうして定住による生産活動の発展とともに、富の所有は評判と尊敬を約束するものとして相対的な重要性と効力を獲得する。武勇の直接的な証拠といったものに敬意が払われなくなったわけではない。また、掠奪行為の成功や戦争での英雄的行為が人々の賛同や称賛を得られなくなるとか、さほどの殊勲を立てられなかった競争相手から妬みを買うことがなくなったわけでもない。ただ、力の優越を直接的に誇示することによって他人に差をつける機会自体が、範囲も頻度も減ったのである。その一方で、生産活動を積極的に拡大し、遊牧生活の半ば平和な方法で蓄財をする機会は増え、範囲も広がった。さらに重要なのは、財産というものが、英雄的あるいは象徴的な偉業とは別種のめざましい成功を表す、わかりやすい証拠になったことである。その結果、財産は尊敬を確実に約束するものとなる。社会の中でそれなりの地位を維持するには、ある程度の財産を持っていることが必要になり、評判を保つには財産の獲得・蓄積が必須となる。こうして財の蓄積が能力の証とみなされるようになると、富の所有は尊敬を勝ち得る単独の決定因という性格を帯びる。財の所有が、当人

（注2）　ヴェブレンの評伝については、細部では修正が必要とはいえ、いまだに、J・ドーフマン『ヴェブレン―その人と時代』八木甫訳（ホルト・サウンダース・ジャパン、1985年）が読み応えがある。最近の研究では、稲上毅『ヴェブレンとその時代―いかに生き、いかに思索したか』（新曜社、2013年）が優れている。

の努力により自ら獲得したものであれ、相続財産としてただ受け継いだものであれ、評判を約束する要因になるのである。当初は能力の証拠としてのみ評価されていた富の所有は、それ自体が称賛に値するものとみなされるようになり、ひいては富自体が本来的に尊敬に値するものとなって、その所有者に名誉を与える。さらに文化が円熟すると、親や祖先から受け継いだ富のほうが、努力して勝ち得た富よりも名誉なものと考えられるようになった。とはいえこのような区別が出現するのは金銭文化が高度に発展してからのことであるので、後段で取り上げる。」（『有閑階級の理論』、前掲、073－074頁）

「富を求める欲望の性質上、何か一つの項目でさえ十二分に満たされることはまずない。まして あらゆる種類の富に関して欲望を満足させるなど、言うまでもない。富がいかに広く均等に、あるいは「公平」に分配されるとしても、社会の富が全体として増えただけでは、この問題の解決策とはなりえない。なぜなら人々の欲望は、財の獲得において他人を出し抜くことにあるからだ。ときに主張されるように、財の蓄積を促す要因が生活必需品や肉体的安楽の欠如であるならば、生産効率が向上するどこかの時点で、その社会の経済的欲求は全体として満たされると考えられる。だが財の蓄積を競うのは、本質的には他人との比較に基づく評判を得るためである以上、最終的な到達地点はないと言ってよい。

だからといって、他人を財力で上回り、その結果として仲間から尊敬と羨望のまなざしで見

られたいという この欲望以外に、財の獲得・蓄積の誘因がないと言うつもりはない。近代産業社会の富の蓄積過程のどの段階でも、より快適な生活や欠乏の回避を求める欲望が動機として存在する。ただしこれらの欲望が満たされるかどうかは、財力を張り合う習慣に大きく左右される。肉体的安楽や体裁のよい生活をどうやって実現し、何に支出するかをかなりの程度決めてしまうのは、他人に負けまいとする対抗心なのである。」（『有閑階級の理論』、前掲、077頁。傍線は引用者）

経太：「なるほど。「他人に負けまいとする対抗心」ですか。なんだか経済学というよりも社会学に近づいたような気もしますが、ヴェブレンについて、自分は認識不足だったことを反省しています。何かのオンライン授業で、ジョン・ケネス・ガルブレイスというアメリカの経済学者がヴェブレンに始まる制度学派の系譜に連なっており、両者とも個人の消費行動の「自律性」に疑問を投げかけたと聴いたのを覚えているのですが、ガルブレイスは企業の広告や宣伝活動などを一番に挙げていたらしいので、両者の出発点がそもそも違っていたのですね。」

杉本：「ガルブレイスがヴェブレンの系譜というのは決して間違っていないけれども、それぞれが活躍した時代文脈が違うから全く同じではないね。ガルブレイスの『ゆたかな社会』（初版は1958年）は20世紀の名著だから、いつか読んでみるといい。「依存効果」という初学者には聞き慣れない言葉が登場するはずだから。彼については、別の機会に話そう。今日のところは、ヴェブレンの『有閑階級の理論』をもう少し丁寧に読むことを宿題にしてみよう。」

経太：「承知しました。今日も貴重なお話をありがとうございました。」

＊　＊　＊

経太は、杉本先生宅からの帰り道、書店に寄ってヴェブレンの『有閑階級の理論』を購入し、夜にさっそく読み始めた。初めのほうは、確かに、杉本先生が解説した通りのことが書かれてあった。ようやく第4章にきて、「顕示的消費」という言葉が出てきたので、思わず「ここなのか！」とつぶやいてしまった（訳書には「衒示的消費」とあるが、本書では、経済学史の慣用に従って「顕示的消費」で通すことにする）。

杉本先生に「古典は拾い読みではダメだ」と注意されてはいたが、やはり実際に読んでみると、教科書にあるような「ヴェブレン効果」（ブランド品のように、価格が高いほど「顕示性」が高まるので需要も増えること）とはちょっと違う、「本物」に出会ったような気がして、経太は知的興奮を味わった。

「貴重な品物をこれ見よがしに消費することは、有閑紳士が評判を獲得する手段である。だが、富が増えるにつれて、当人が一人でいくらがんばったところで、それだけでは十分に富を誇示できなくなる。そこで、豪奢な贈り物をするとか、金のかかった饗宴や娯楽に招待するといった形で、友人や競争相手の手助けを借りることになる。贈り物や饗応は、もともとは無邪気な見せびらかしとは異なる理由で始まったのだろうが、ごく早い時期からこの目的に役立つとされ、今日にいたるまでその性格を維持している。このように贈り物や饗応の効用には長い歴史があり、だからこそ習慣になったと言えよう。ポトラッチと呼ばれる贈答儀式や舞踏会といった金のかかる饗応は、とくに顕示的消費の目的に適うよう工夫が凝らされた。そこでは、招待主が張り合っている当の相手が、見せびらかしの対象に利用される。競争相手は、招待主に成り代わって消費すると同時に、招待主一人では使い切れないありあまる贅沢品が消費されたことの証人になる。また、招待主が礼儀作法に精通していることの証人にさせられる。」（『有閑階級の理論』、前掲、116－117頁。傍線は引用者）

経太は、有閑紳士や有閑マダムによる顕示的消費はすぐに思いついたが、ヴェブレンが饗応の相手にまで「代行消費」させることによって自らの富を誇示する例を出してきたこと、それが「ポトラッチ」と呼ばれるアメリカ先住民族の儀式に起源があることに触れているのを読んで、改めてヴェブレンが並の経済学者ではないことを痛感した。教科書に出てきたヴェブレン効果とは、なんと浅薄な内容であったことか。

しかし、やはりヴェブレンは手強かった。『有閑階級の理論』の第8章「労働の免除と保守主義」に差し掛かったところで、進化論の影響と思《おぼ》しき文章に出会したからだ。進化論の影響があるということは聞いたことがあるが、具体的にどの辺に詳しく書いてあるのか、誰も教えてくれなかった。

ヴェブレンが「制度学派」の創設者だというのは、もちろん知っていたが、どうやら彼のいう「制度」とは、私たちが思い浮かべる政治制度とか金融制度とか具体的なものというよりは、それらの背後にある「思考習慣」を指しているらしい。ふつうの経済学の教科書とは全く違った書き出しだ。経太は、ヴェブレンの思考法を頭に叩き込むために、しばらく次の文章を眺めていた。

「社会における人間の生活は、他の種とまったく同じように生存競争であり、したがって選択と適応のプロセスである。社会構造の進化もまた、制度の選択と適応のプロセスだった。制度や人間の気質に関するこれまでの進化も、現在進行中の進化も、おおざっぱに言えば最適な思考習慣の自然淘汰であると同時に、社会の発展や制度の変遷に伴って徐々に変化する環境への個人の強制的適応にほかならない。選択と適応のプロセスはその時代に主流となる精神性や適性を形成し、その結果として制度を出現させる。しかし制度自体はまた、生活や人間関係を統べる特殊な秩序でもあるから、それとして効果的な選択を促す要因となる。こうして変化する制度が今度は最適の気質を備えた人間を選択し、さらに新たな制度の形成を通じて、人間の気質や習慣を環境の変化に適応させる。」(『有閑階級の理論』、前掲、217頁)

経太は、杉本先生が「ヴェブレンは「取扱注意」だね」と言った意味がようやくわかってきた。これは一筋縄ではいかない。要は、ヴェブレンが社会構造の進化を制度の「自然淘汰」のプロセスとして捉えていることだ。制度は環境の変化に対して適応し、制度の発展が社会の発展につながる。この場合の「制度」は、前に見たように、「本質的には、個人と社会の特定の関係や機能に関して定着した思考習慣」のことであることを忘れないようにしよう(『有閑階級の理論』、前掲、219頁)。

ところが、環境の変化に対する制度の適応に抵抗する人たちがいる。それが「有閑階級」であると。経太は、これから有閑階級の生態に対するヴェブレンの見解が示されそうな予感がして、ページをめくった。あった！

「有閑階級は、高度に組織化された現代産業社会の経済的な必要性からおおむね遮断されている。他の階級は生活手段を得るための苦労をしなければならないが、この階級はその必要がない。この特権的な立場の結果として、状況に応じた制度の発展や産業構造への再適応といった要求に対する反応が鈍くなりがちだ。だから有閑階級は保守的である。この階級の人たちは、社会の経済状況からの要求に直接強い影響を受けることがない。端的に言えば、産業技術が変化しても、それに合わせて生活習慣や価値観を変えないと財産を失うといったことはない。なぜなら彼らは、ありていに言うと、産業社会を有機的に構成する要素ではないからである。このため、経済的必要性に迫られた大多数の人々が既成の秩序に強い不安を抱くのに対し、有閑階級の人々はそうではない。そして人々が慣れ親しんだ価値観や生活習慣を捨てるのは、既成秩序に対するこうした不安に駆り立てられたときに限られる。有閑階級が社会の進化の中で果たす役割と言えば、動きを遅らせ、陳腐化したものを温存することである。これはすこしも目新しい指摘ではなく、ずっと前から言われてきたことだ。」（『有閑階級の理論』、前掲、225頁）

「保守的な有閑階級」というのは、マルクス主義者がよく使う「ブルジョア階級」とはちょっと違うようだ。マルクスは、生産手段を私有している「ブルジョア階級」と、「労働力」

を売る以外に生活の糧を得られない「プロレタリア階級」を区別したが、前者も、後者のように「搾取」される側ではないとはいえ、競争相手に打ち勝つためにつねに資本蓄積に励む（例えば、新しい技術の採用のための「資本の有機的構成」の高度化）という意味で産業社会の荒波から無縁というわけではない。だが、ヴェブレンの有閑階級は、「産業社会を有機的に構成する要素ではない」というのだ。

では、なんと表現すればよいのか。経太の脳裏に杉本先生との対話のなかに出てきた「掠奪」という言葉が浮かんだ。もちろん、それはそのものズバリの用語ではないだろうが、それに相当する用語があるのではないか。経太はさらに第8章を読み進めた。すると、経済構造を二種類に区別した件にぶつかった。これだ！

「……経済構造は、経済活動の二つの目的のどちらに役立つかによって、二種類に大別できる。

古典的な用語を使うなら、それは獲得経済と生産経済ということになる。が、これまでの章で別のものと関連づけて使った言葉を持ち出すなら、金銭経済と産業経済になろう。あるいはまた、経済的便益の差別化を促す制度とそうでない制度というふうに分けることもできる。

……

有閑階級すなわち資産を持ち生産活動を行わない階級は、経済行為と金銭でつながっており、生産ではなく獲得、役務の提供ではなく搾取を行う関係にある。言うまでもなく間接的には、彼らが経済に果たす役割はきわめて重要であろう。それにここでは、資産家や実業家の経済的機能を貶めるつもりはまったくない。本章の目的は、有閑階級と産業や経済との関係がどのようなものかを指摘することに尽きる。そうして見ると彼らの果たす役割は寄生的であり、その関心事はと言えば、利用できるものはすべて利用し、一度つかんだものは手放さないことにある。実業界の慣習は、こうした掠奪・寄生の原理が選択的に作用した結果として形成されている。この慣習は所有権に基づいており、遠い昔の掠奪文化の派生物と言える。だがこうした金銭経済は、現在とはかなり違った過去の状況で発展したものであるから、現在の状況に必ずしも適合するとは言えない。金銭的な手段の効果という点でも、さほど適しているとは言えなくなっている。産業のあり方が変化すると、獲得あるいは搾取の方法も変わらなければならない。有閑階級にとっては、利益の源泉である産業構造の維持が肝心であり、その中で自己利益を最もうまく獲得できるよう経済制度を適応させることが関心事となる。そこで有閑階級はほぼ一貫して、自分たちの生活の金銭面の目的に適う方向で制度の発展を導こうとする。」（『有閑階級の理論』、前掲、233－235頁。傍線は引用者）

ヴェブレンは、自分は有閑階級を貶《おとし》めるつもりはないと明言している。確かに、彼は、マルクスがブルジョア階級を罵倒したようには、有閑階級を非難しているわけではない。むしろヴェブレンの語り口はかなり冷静である。冷徹であるというべきか。しかし、有閑階級の産業経済との関わり方を「寄生的」というように決して共感しているわけではない。経太は、ここまで読んできて、ヴェブレンの顕示的消費という概念が、彼の人間文化の発展に対する鋭い視座から発せられたものであることをようやく理解した。やはりヴェブレンは、初学者には「取扱注意」であり、「拾い読み」などしてはならなかったのだ。

経太は、自分で勉強した成果をレポートにまとめて杉本先生に電子メールを送っておいた。先生にメールを書くのは久しぶりだ。空いている時間帯だったのか、すぐに返信があった。そこにはこう書かれていた。

「経太君、ヴェブレンが「取扱注意」だと言った意味がわかったようなので、私も嬉しくなった。古典というのは、どの分野でも、じっくり読まないといけない。これを今後も肝に銘じてほしい。

ヴェブレンは、『有閑階級の理論』においては、不思議なことに、有閑階級には好意を抱いていないにもかかわらず、きわめて冷静にその生態を叙述することを第一に考えた。これは、現代制度学派の大物、ジョン・ケネス・ガルブレイスが、ヴェブレンの系譜に連なることを誇りに思いながらも、現状分析に飽きたらず、現状改革のための多くの提案をしているのとは対照的だ。そして、「獲得経済」対「生産経済」、あるいは「金銭経済」対「産業経済」という図式化は、のちの著作『営利企業の理論』（1904年）にも受け継がれていく。この本も、現代企業理論とは趣の変わった古典的名著だから、いつか読んでみるとよい。

アメリカの制度学派は、ヴェブレン以降、多彩な人材が活躍したので、関心があれば、高哲《たかてつ》男《お》氏（九州大学名誉教授）の『現代アメリカ経済思想の起源―プラグマティズムと制度経済学』（名古屋大学出版会、2004年）の一読をおすすめする。

さて、経太君は、そろそろ学年末試験を受けるころではないかな。試験といっても、コロナ禍で再び感染拡大し、新年早々、再び緊急事態宣言（2021年1月8日）が出されたわけだから、たぶんレポート試験がほとんどだろうけれども、今度会うときには、コロナ禍で大学一年生を過ごすなかで、何を学び、何をどう感じたのかについて、ぜひ私が尋ねたいと思っている。私の大学生時代は、学園紛争もあったけれども、友人とよく学びよく遊んだという意味では充実した日々だった。経太君たちがそのような一年間を経験できなかったのは、本当にお気の毒だ。しかし、まだ現状は厳しいものの、禍もいつかは去るだろうし、不安の中でいかに学業生活と日常生活を両立させてきたかについて、将来の世代に語り続けてほしい。次に会うのを楽しみにしているよ。」

経太は、杉本先生の返信を読んで、不意に涙が出ていることに気づいた。そうだ。自分は恵まれていた。地方から出てきた学生のなかには、春の緊急事態宣言下で大学にも入れず、一日中パソコン画面を眺めて学習する時間が長く続くうちに抑鬱《よくうつ》状態になったり、実家の飲食店が倒産して学業を断念せざるを得なくなったりするケースも少なくなかったという。ところが、自分には、いつも博覧強記の杉本先生という指導者がいて、オンライン授業では決して学べないことをたくさん教わった。感謝してもし切れない。今度お会いするときは、まずそのお礼を述べてから、先生の質問に答えることにしよう。

終　章

コロナ禍の大学一年生として考えたこと

経太は、2020年4月、受験に合格し晴れて大学1年生になったが、図らずも新型コロナウィルス感染症によるパンデミックに遭遇、大学はしばらく事実上閉鎖され、授業もオンラインでしか受けられない状態が続いた。心が折れそうになるのを救って下さったのは、家庭教師をしている栄一君の父親で経済学者の杉本先生だった。先日、先生からメールをいただいたとき、「コロナ禍の大学一年生として考えたこと」についてぜひ教えてほしいと言われたので、二つ返事で承諾の返信を書いていた。大学受験の時期もようやく終わりに近づき、先生も余裕ができたらしいので、今日お伺いするつもりだ。

だが、新型コロナウィルス感染症の感染状況は、まだ予断を許さないと思う。いつまた変異株によるクラスターが生じて、大流行し始めるかもわからない。一つの救いは、有望なワクチンが医療関係者から接種が始まり、少しずつ普及しつつあることだ。昨年の秋には、あまりにも短期間で開発されたワクチンへの懐疑論が結構あったが、先に接種を始めた欧米での経験によると、重篤な副反応は非常に稀のようなので、ある程度、期待がもてるのではないだろうか。大学も新学期早々の完全正常化は難しいかもしれないが、後期が始まる秋頃には、状況が好転していることを切に願いたい。

栄一君の英語読解力もグンと向上し、モームの他の作品も読みたいと言っている。賢い高校生に教えるのは楽なので、いくらでもお手伝いするつもりだが、世の中がもう少し落ち着いたら、大学のキャンパスの雰囲気を味わってもらうために外へ連れ出そうかと思っている。コロナ禍の前は、杉本先生とよく都内の美術館での展覧会に出かけたり、オーケストラのコンサートに行ったりしていたらしいが、さすがにこの一年間はご無沙汰だと言っていたのを思い出した。そうだ。学問と芸術は相性がよいのだ。

＊　＊　＊

杉本先生は、玄関口で出迎えて下さった。

杉本：「今日はわざわざ来てくれてありがとう。どうしても年度が変わる前に、この一年間の経太君にとっての大学生活のことを尋ねてみたくてね。」

経太：「いえ、どういたしまして。先日はこちらこそ励みになるメールをありがとうございました。とても感激しました。」

杉本：「そんな大したことは言っていないはずだけどなあ。まあ、今日は私のほうが質問したいことがいくつかあるので、居間でお茶でも飲みながら話そうか。」

経太の世代は、生まれたときにはすでにインターネットがあり、パソコンやタブレットなどは子供の頃からふつうに使っていたので、大学の授業がコロナ禍でオンラインになっても戸惑いはなかった。もちろん、新入生として大学の教室で友人たちと一緒に授業を受けられたら、きっと楽しかっただろうが、コロナ禍でそんなことを言っても始まらない。教授陣も、慣れないながらも、オンライン授業のためにレジュメを作ったり資料を用意したりとずいぶん努力してくれた。経太は、よほど手抜きでもしない限り、オンライン授業が対面授業と比較して劣ることはないと思っている。

杉本：「今年度は、前期はすべてオンライン授業、後期もごく少人数のゼミナールなどを例外としてオンライン授業が中心だったと思うけれども、経太君は、オンライン授業についてどう評価しているかな。率直な意見を述べてほしい。」

経太：「私は、対面授業と比べて、オンライン授業が著しく劣るとは思っていません。もちろん、担当教員の採った方法はさまざまでした。ある教員は、対面授業なら板書で済むようなことや、教科書をもっていればすぐわかる数式や図などを含むレジュメを作った上で、音声解説のファイルを一緒にアップロードしてくれました。質問があればメールでおこなうことになっていましたが、大体、遅くても数日で返ってきたので、それほど不満に思ったことはありません。

　その他、パワーポイントに音声を付けた形や、動画をＹｏｕＴｕｂｅ上にアップロードしたものもありました。総じて、教授陣は大変な努力をして、コロナ禍の授業の準備をしてくれたと思います。それなのに、まだ新型コロナウィルスの感染拡大が続いているにもかかわらず、対面授業の割合が低い大学を公表して圧力をかけようとした文部科学省の対応はどうかと思います。

　もちろん、対面授業であれば、授業のあとに教員にすぐ質問できる利点はあります。教員のほうも、私たちの顔が直接見えれば、どれくらい授業の内容を理解しているか、経験や勘でわかるのではないかと拝察します。しかし、それらは、コロナ禍の現在、ないものねだりだと思っています。」

杉本：「なるほど。私もＹｏｕＴｕｂｅ以外はやったけれども、レジュメを作るのは結構大変だったな。若い教員と比べると、数式もいちいち数式エディターを立ち上げて打つと時間もかかった。しかし、質問は、対面授業のときよりもむしろ多いくらいで、それは新しい発見だった。
　機械を操作するのが得意な教員は、授業のライブ配信までやっていたけれども、それは自分にはとてもできなかった。いつも助手がいれば別だけれども。」

経太：「新入生の多くも、コロナ禍の授業形態としては、ある程度オンライン授業の比重が大きくなることは認めていると思います。ただ、昨春の緊急事態宣言の期間中、パソコン画面と睨めっこの時間がいつまで続くのか不安が募ったり、当てにしていた業種の仕事で稼ぐつもりだったアルバイト収入が途絶えて経済的に困窮したりと、物心両面で落ち込んだ学生は少なくないと思います。「コロナ鬱」とかコロナ禍が引き金になった若者の自殺者の増加というのは、社会的にも大きな問題でした。大学のほうも、オンラインを使ったメンタル面のサポートを充実させたり、経済的に困窮した学生への支援策を打ち出したりしてずいぶん努力してくれたと思います。しかし、100年に一度の感染症に打ち勝つには十分ではなかったかもしれません。

私は何も大学を責めているのではありません。インターネットの時代になって、玉石混淆《ぎょくせきこんこう》の情報がSNSを通じて拡散されるようになったので、当初から、政府や地方公共団体が新型コロナウィルス感染症が本当はどんな病気なのか、その感染の仕組みや予防策などについての正確な情報を発信し、いわれなき差別や中傷に遭った感染者やその家族を守ることを率先してやってほしかったと思います。もちろん、政府関係者などは十分にやっていると反論するでしょうが、感染拡大中に政府がGoToトラベルに固執しようとした姿勢には疑問を感じました。」

杉本：「大きな問題になってきたね。いつの頃からか、「経済を回す」という用語が独り歩きして、それを感染対策と同時にやろうとする、いわば「アクセル＆ブレーキ」のような政策が追求され始めて、それをワイドショーなどに出てくる一部のコメンテイターも支持していたようなのだけれども、本当の経済の専門家は、そうは考えなかったと思う。例えば、政府の新型コロナウィルス感染症対策分科会のメンバーで経済学者の小林慶一郎《こばやしけいいちろう》氏は、毎日新聞のインタビューのなかで次のように言っている[1]。」

「勝負の3週間が始まった20年11月に強い策をやって12月上旬までに感染者が減り、年末年始の催しが一定程度可能となっていれば、経済的な損失も少なかったはずだ。「ＧｏＴｏ」を進めることで外食や旅行に進んで行くべきだというメッセージになり、経済活動を活発にさせる流れとなって、人々が感染にあまり注意を払わなくなった側面はあると思う。結果的に一番きつい時期の措置を迫られてしまったのは残念だ。」（小林）

「感染が拡大すると、結局は経済にネガティブな影響を与えるということを重視すべきだ。

（注1）『毎日新聞』（２０２１年1月27日東京版夕刊）
https://mainichi.jp/articles/20210127/dde/007/040/031000c

感染が拡大すればみんな不安になり、経済的な活動を抑えることになる。まずは感染を抑える対策や医療、検査に優先的にお金を使い、次に生活の保障や生活の下支えのために財政を出動する。その次になってから初めて需要を喚起する経済対策を推し進めるべきだ。」(小林)

杉本：「私も基本的に小林氏の見解に賛成だね。昨秋、経済の専門家ではない人たちのほうが、ＧｏＴｏトラベルを支持していたのは不思議な光景だった。」

経太も、この感染症についての知識が豊富というわけではない。読んだ本といえば、宮坂昌之『新型コロナ7つの謎』(講談社ブルーバックス、２０２０年)、岩田健太郎『丁寧に考える新型コロナ』(光文社新書、２０２０年)、西浦博『理論疫学者・西浦博の挑戦—新型コロナからいのちを守れ！』(中央公論新社、２０２０年)など数冊に過ぎない。この問題は、最終的には、コロナ禍が終息してから、各分野の専門家が協力し合いながらきちんとした検証をすべきだろう。経太は、素人が「印象」に基づいた意見を言うのは危ないと思っている。

杉本：「ところで、本の好きな経太君は、入学時に図書館が使えなかったのは痛かったのではないかな？」

経太：「はい。それは本当に残念でした。私は図書館で調べ物をしたり書架にある新刊を眺めたりするのが大好きなので、大学生になったら図書館を存分に利用しようと思っていたのですが。しかし、昔と違って技術の進歩が目覚ましいので、電子書籍を読むという趣味が増えました。初めは紙の本への愛着があったのでどうかなと思っていたのですが、電子書籍は使いようによってはとても便利なことに気づきました。

例えば、経済学に限らず、古典的名著はすでに著作権が切れているので、英語なら格安の電子書籍がありました。アダム・スミスからマーシャルくらいまでの経済学の古典は、いまこの手に持っているスマートフォンにも入っています。いつでもどこでも読むことができます。もちろん、学術論文で引用するならちゃんとした全集や紙の本でページ数などを確認しなければならないでしょうが、「そういえば、あの本にあったな」と気になったとき参照するには便利です。

春の緊急事態宣言下では、不要不急の外出が憚《はばか》られたので、書店にもほとんど行かなかったのですが、趣味で読むような歴史小説やエッセイの類なら別に紙の本でもっていなくてもよいと思うようになりました。それはいまも続いています。

初夏の頃から少しずつ図書館も利用できるようになりましたが、図書館の案内を読んでみて、専門誌の電子版も利用できることを知りました。これはすごく便利でした。もっとも、最新の号はしばらく待たないといけませんでしたが、これまで読んできた本に参照されていた英語論文などが電子版で利用できることを知ったときは感激しました。古い時代、例えば1920年代にシュンペーターがイギリスの権威ある学術誌『エコノミック・ジャーナル』に書いていた論文が出てきたときは、本当に嬉しかったです。」

杉本：「そうかい。私の世代とは大きな違いだな。私もKindleはもってはいるけれども、大して使っていないな。もう少し使い方を考えてみよう。

電子ジャーナルは、確かに便利だね。これは私もよく利用している。専門誌によっては最新号もすぐ読ませてくれるものもあるから、図書館の係の方に尋ねてみるといい。最近は、大学院ゼミでも、例えば前期に読む論文リストをみな電子版のPDFファイルで読んでいるらしい。検索機能も充実しているので、これからもっと普及していくだろう。

しかし、もともと紙の本が好きだった経太君には、図書館の中に入って秩序よく並んでいる書庫を時間をかけて眺めてみる経験をしてほしい。いまはコロナ禍で難しいかもしれないけれども、必要なら私が図書館の閲覧担当者に推薦状を書いてあげるから、世の中が落ち着いたらぜひそうするのを勧めておくよ。」

経太：「学部生でも先生の推薦状があれば中に入れるのですか！　ぜひお願いします。大学院生ならそうしているように聞いていましたが、夢みたいな話です。」

杉本：「やはり経太君は本が好きなのだね。私も大学院生の頃、書架をみて回るのを楽しみにしていた一人だ。昔の本だと誰かの書き込むがあるものもあった。その頃は、ベテランの教授が、「あれはA先生の書き込みだとか、いやB先生の筆跡だったかな？」なんて言っていたものだ。大学の歴史に残るような偉い先生の名前ばかりだった。コピー機のなかった昔のことだから、図書館の本に鉛筆で書き込むようなことは珍しくなかったのだろう。いまでは、もちろん、ご法度《はっと》だけれども。」

経太：「そうなのですか。ますます楽しみになってきました。」

杉本：「ところで、図書館から話題は転じるけれども、高円寺北口の都丸《とまる》書店（創業1932年）が昨年の暮れ閉店になったというニュースはもう聞いているかな[2]。いい古本屋だった。学生の頃からお世話になったたし、廉価で良質の古本を学生に提供してくれた。ときには、不要になった本も買い取ってもらった。実に惜しいことだ。」

（注2） https://suginami.goguynet.jp/2020/12/30/koenji-tomarusyoten-close/
（2021年2月4日アクセス）

経太：「そうだったのですか！　知りませんでした。以前、先生から高円寺に社会科学系のよい古本屋があるというお話を聞いたような記憶がありますが、閉店していたとは実に残念です。コロナ禍のせいでしょうか？」

杉本：「ご主人が高齢となり、後継者もいないという噂は聞いたけれども、正確なところはわからない。神田の古本屋街よりも確実に安い価格でよい本を売ってくれる良心的なお店だったね。何度通ったかわからない。」

経太：「いろいろな事情があるのですね。先生に教えてもらった洋書の古本屋さん、崇文荘《すうぶんそう》書店にはときどき通っています。神田にあるので、他のお店とはしごしてたくさん本を買って家に帰ったことがあります。」

杉本：「本好きの経太君らしいな。経済学の動向も、例えば50年前によく読まれた教科書から最近の教科書までを追ってみると、どのように変化したかがわかるので、一度試してみるとよい。」

経太が怪訝そうな顔をしていたせいか、杉本先生は、書棚からいままでは学術書でも珍しい箱入りの本を取り出して次のように話し始めた。

杉本：「例えば、有斐閣から出ている教科書でいうと、1970年代には、新開陽一・新飯田宏・根岸隆共著『近代経済学』（有斐閣大学双書、1972年）というミクロもマクロも含んだこの教科書が出ているけれども（その後、何度か改訂されている）、その頃は、まだサムエルソンの新古典派総合が学界の主流だったので、この教科書もその時代の産物だということがわかる。「近代経済学」という言葉も、いまではほとんど死語に近いけれども、1972年当時は「非マルクス経済学」の意味でよく使われていた。この教科書の執筆陣は一流の経済学者ばかりだから、評価が高かったのも当然だね。」

次に、先生は書棚から二つの本を取り出した。

杉本：「ところが、1980年代になると、少数の例外を除いて、経済学者はミクロかマクロのどちらかの教科書を執筆することが多くなった。いま取り出した二冊、すなわち、中谷巌『入門マクロ経済学』（日本評論社、1981年）と西村和雄『ミクロ経済学入門』（岩波書店、1986年）は、ともに広く読まれて改訂を重ねた教科書だ。中谷氏はミクロ経済学の教科書を書こうとはしなかったし、反対に西村氏もマクロ経済学のみの教科書を出すことはなかった。この二つの本の各版の構成をよく見てみるとよい。中谷氏が版を重ねるたびに、マクロ経済学の新動向（マクロ経済学のミクロ的基礎づけやニュー・ケインジアンの経済学など）を追加していったことがわかるはずだ。西村氏も、初版は一般均衡理論の解説が中心だったけれども、のちには、ゲーム理論、情報や不確実性などの諸問題も取り上げるようになった。というように、時代を画した教科書の変遷を調べるのも面白いものだよ。」

経太：「それは気づきませんでした。今度そういうふうに探してみます。」

杉本：「それから、経済学でよく使われる分析ツールの変化や、その時々に流行している分野の本を辿ってみるのも面白いかもしれない。」

杉本先生は、また書棚から古い洋書を取り出してきた。

杉本：「これは、ロバート・ドーフマン、ポール・A・サムエルソン、そしてロバート・M・ソローという三名の著名な経済学者の共著『線型計画と経済分析』（1958年）だ。もちろん、翻訳もあった（安井琢磨・福岡正夫・渡部経彦・小山昭雄共訳、岩波書店、全

2巻、1958－59年)。1950年代は、「線型計画」(linear programming) を経済分析に応用した研究が盛んで、この本は、当時この分野の権威書だったね。この本が出た頃は、まだ線型数学がどれほど経済学に役に立つか、多くの人は知らなかったので、非常に有り難かったのをよく覚えている。双対理論、ゲーム理論、凸計画問題など、学界の最前線では盛んに議論されていたのだけれども、日本はまだ経済学部のスタッフの半数以上がマルクス経済学者だったから、チンプンカンプンだった。その後、世界的に活躍する日本の数理経済学者も、素晴らしい案内書を書いてくれた。二階堂副包《にかいどうふくかね》氏(数学から経済学に転じた方で、一橋大学教授を長くつとめた)の『経済のための線型数学』(培風館、1961年) だ。小さいながら内容の濃い本だった。

いまでは、ことさら「線型経済学」と銘打った本は少ないのではないかな。しかし、1950年代から60年代には、書店にいくらでも並んでいたものだ。」

経太:「その頃には、もうゲーム理論も使われていたのですね。」

杉本:「そうだね。しかし、経太君たちがいまの教科書で見る「ナッシュ均衡」の概念は、専門家以外には、まだ広く普及していなかったと思う。ご承知のように、現代ミクロ経済学ではゲーム理論が至るところに使われているけれども、ゲーム理論を大胆に採り入れたミクロ経済学の教科書は、デイヴィッド・M・クレップス（スタンフォード大学ビジネス・スクール教授）が執筆した*A Course in Microeconomic Theory*（1990）だと思う。前半に一般均衡理論をさらりと片付けて、後半はゲーム理論が自由自在に活躍する教科書だ。新時代の教科書だと思ったね。のちには、日本人の有能な経済学者も、この手法でミクロ経済学を講じ始めた。その先駆けといってもよいだろう。

その後、京都大学やスタンフォード大学の教授をつとめた青木昌彦《あおきまさひこ》氏（惜しくもすでに鬼籍に入られた）が「比較制度分析」というゲーム理論を応用した仕事で有名になったので、日本人にも馴染みができた。経太君もいずれ授業で習うはずだ。」

経太：「そうなのですか。それは楽しみです。しかし、経済学にも流行というのがあるのですね。」

杉本：「それは確かにある。ルーカスが言い出した「マクロ経済学のミクロ的基礎」も、最初は彼の合理的期待形成仮説の流行に始まっているからね。最近は、「動学的確率的一般均衡モデル」というのも学術誌にしばしば見かけるけれども、これを勉強するのはまだ先だろう。いまは、基礎的な経済理論（ミクロとマクロ）や数学・統計学をしっかり学んでほしい。」

経太：「わかりました。ところで、最後にもう一つ、お尋ねしてもよいでしょうか？」

杉本：「何だろう？」

経太：「先日テレビを観ていたら、保険会社のＣＭで「行動経済学」という言葉が出てきました。ＣＭで「経済学」と出てきたので、びっくりしてしまいました。これも流行なのでしょうか？」

杉本：「そのＣＭは知らないけれども、流行の一つであることは確かだ。しかし、行動経済学が取り扱う「限定合理性」というのは、ずいぶん前、ハーバート・Ａ・サイモン（経済学、経営学、心理学、コンピューター科学など、あらゆる分野で活躍した天才）が『経営行動』（１９４７年）のなかで提示していたもので、別に新しい概念ではない。それにもかかわらず、20世紀末から21世紀初頭にかけて、経済学と心理学を繋ごうとする研究が続々と現れていったことは認めなければならない。当初は「経済心理学」と呼ばれていたけれども、現在は「行動経済学」という言葉が定着しているね。

行動経済学もそのうち教わるだろうけれども、私は、依田高典《いだたかのり》氏（京都大学大学院教授）が書いた『行動経済学—感情に揺れる経済心理』（中公新書、２０１０年）を第一に推すね。この力作に比べれば、他は少々レベルが低く物足りない。」

経太：「わかりました。さっそく読んでみます。」

杉本：「今日は時間をとらせて申し訳ない。新学期になっても、栄一が待っているから、時々会いに来てくれないか。私も何かお役に立てることがあるかもしれないので。」

経太：「とんでもありません。喜んで訪問させていただきます。先生の貴重なお時間を奪うことはちょっと気が引けますが、いつも授業では聴けないことばかりで、本当に助かります。ありがとうございます。」

経太は、杉本先生のお宅からの帰り道、この一年間の出来事を再び考えていた。コロナ禍は、大学一年生にとっては、本当に辛抱を強いる経験だった。もっとも、3月に入って新規感染者は全国的に年末年始よりは減ってはいるが、まだワクチン接種も一部の医療関係者のみにしか回っていないので、いつまた再流行し始めるかもしれない。新学期の授業形態がどうなるかも不透明だ。

だが、経太にとっての救いは、いつも何でも相談できる杉本先生がいたことだった。人間の成長にとって「師」の存在が重要だということを、この一年間ほど思い知らされたことはなかった。先生はつねに泰然自若、経太には穏やかに接してくれて、自分に足りないことをそれとなく気づかせてくれた。感謝してもし切れない。

ところが、そんな先生でも、以前の話によると、親を亡くされたときには一時落ち込んでいたという。そういえば、コロナ禍でも、YouTube上にある仏教哲学の講義を聴いていたと言われていたのを思い出した。経太は、仏教もその他の宗教も、たいして知らないが、花園大学の佐々木閑教授が対談しておられた、臨済宗円覚寺管長の横田南嶺《よこたなんれい》老師の言葉には励まされることが多かった（横田老師もYouTubeに日々の教えや対談などをアップロードされている）[3]。

「心というものは普段波立っています。感情で波立つ心では、大切なものが見えません。そこで心を穏やかにする方法があります。「ありがとう」と感謝する気持ちを常に持つことです。これが穏やかで、静かな心になれる一番手っ取り早い方法です。感謝の心でものを見た時こそ、

（注3） https://www.youtube.com/channel/UCgH4fHMpKJmxmSk2s1gVQGg

ありのままの様子がわかります。穏やかな心になれば、自分がこれからどのように生きていけばいいのか、どういう方向に進めばいいのか見えてきます。」（横田南嶺『こころ　ころころ―はがきで送る禅のこころ』（青幻舎、2017年、51頁）

なかなかこのような境地にはなれないけれども、杉本先生への感謝の気持だけは経太も決して忘れることはないだろう。たまたま息子さんの栄一君が自分の後輩だったというご縁で、経済学部に進学した経太であったが、勉強が進めば進むほど、経済学の世界が想像以上に深淵なものであることに気づいた。まだまだ勉強することは山ほどある。一年間で学べたことには限りがあるので、これからも気を引き締めて精進していきたい。コロナ禍の大学一年生としての生活は、辛抱を強いられたけれども、悪いことばかりではなかった。いつかは杉本先生のように、教養と学識を兼ね備えた人間になりたい。後輩にはいつも穏やかに接せられる先輩になりたい。経太の修行はまだまだ続く。

あとがき

前作『ものがたりで学ぶ経済学入門』を出版したのは２０１９年の夏だったが、その数カ月後、長らく病気療養していた母が亡くなった。喪主として葬儀から納骨に至るまで気の抜けない日々が続いたが、そろそろ一段落したかと思ったところに襲ってきたのが２０２０年に入ってからのコロナ・パンデミックだった。大学教授も学生も、経験したことのない「新しい生活様式」やオンライン授業等々、戸惑うことが多かったはずだ。私も生活のリズムがまるで違ってしまったので、ときに体調不良になることもあった。この感染症との闘いは、まだ続きそうだが、そんなとき、「ものがたり」の続編をコロナ禍で大学一年生を迎えた経太君というシナリオで描いて見ようと思い立った。

経済学という学問は、いまでは細分化が進んでいるが、そのどの分野が自分に向くのかは、勉強してみなければわからない。私自身は、学部時代は一般均衡理論を専門に研究している教授のゼミで学んでいたが、早くから社会学者の清水幾太郎の知遇を得たおかげで、経済学の思想面への関心が強く、大学院生からは一貫して経済思想史研究に専念してきた。専門化や細分化を否定するつもりはないし、学問の進歩のためには必要でもあるが、しかしながら、私の眼には、経済学部生にはミクロ経済学やマクロ経済学などの勉強の他に、もっと「雑学」に通じた先生の話を聴かせたほうがよいように思えた。数学やデータサイエンスなどに馴染むのはいまでは必須だが、日本や世界の歴史をもっと学び、たまには古典をひもとくような幅の広い、「他者」に寛容な学生が増えてほしいと思う。

ところで、経太君の経済学修行はまだ始まったばかりなので、今後も違う展開の「ものがたり」を構想する日が近いうちに訪れるかもしれない。アイデアが浮かぶのは突然のことなので、そのときはもっと成長した経太君が登場するかもしれない。そんな期待を抱きながら、本書を閉じることにしたい。

根井雅弘

◉著者紹介

根井　雅弘（ねい　まさひろ）

京都大学大学院経済学研究科教授，経済学博士。

1962年生まれ。早稲田大学政治経済学部卒業後，京都大学大学院経済学研究科博士課程修了。2000年４月より現職。現代経済思想史専攻。

主な著書に，『経済学の歴史』（講談社学術文庫），『ケインズを読み直す：入門現代経済思想』（白水社），『経済学者の勉強術』（人文書院），『ものがたりで学ぶ経済学入門』（中央経済社），『今こそ読みたいガルブレイス』（集英社インターナショナル新書）などがある。

続・ものがたりで学ぶ経済学入門

2021年11月25日　第1版第1刷発行

著　者　根　井　雅　弘
発行者　山　本　　継
発行所　㈱ 中 央 経 済 社
発売元　㈱中央経済グループ
パ ブ リ ッ シ ン グ

〒101-0051　東京都千代田区神田神保町1-31-2
電　話　03（3293）3371（編集代表）
03（3293）3381（営業代表）
https://www.chuokeizai.co.jp
製版／三英グラフィック・アーツ㈱
印刷／三　英　印　刷　㈱
製本／誠　製　本　㈱

＊頁の「欠落」や「順序違い」などがありましたらお取り替えいたしますので発売元までご送付ください。（送料小社負担）

ISBN978-4-502-40461-0　C3033